形体气质塑造

陈 娟 著

东南大学出版社
SOUTHEAST UNIVERSITY PRESS
·南京·

内 容 简 介

随着社会的发展和生活水平的提高,塑造完美体形、培养高雅气质、打造迷人魅力已经成为大家追求的目标。本书的作者曾获全国花样游泳冠军,一直从事体育教学与运动训练工作,并担任国家级裁判。本书介绍形体运动的基本知识、形体训练的基本方法以及科学饮食方法,引导大家自觉参与体育锻炼,积极投入形体训练,提升职业文化修养。

书后附有室内椅子形体操和美姿形体组合操的视频和音乐二维码,可供读者训练时扫码使用。

图书在版编目(CIP)数据

形体气质塑造/陈娟著. —南京:东南大学出版社,2021.6 (2022.12重印)
 ISBN 978-7-5641-9406-2

Ⅰ.①形… Ⅱ.①陈… Ⅲ.①形体—健身运动 Ⅳ.①G831.3

中国版本图书馆 CIP 数据核字(2020)第 270828 号

形体气质塑造
Xingti Qizhi Suzao

著 者:	陈 娟
出版发行:	东南大学出版社
出 版 人:	江建中
社 址:	南京市四牌楼 2 号(邮编:210096)
网 址:	http://www.seupress.com
责任编辑:	翟 宇
经 销:	全国各地新华书店
印 刷:	南京玉河印刷厂
开 本:	700 mm×1000 mm 1/16
印 张:	12.5
字 数:	220 千字
版 次:	2021 年 6 月第 1 版
印 次:	2022 年 12 月第 2 次印刷
书 号:	ISBN 978-7-5641-9406-2
定 价:	48.00 元

本社图书若有印装质量问题,请直接与营销部联系。电话(传真):025-83791830

前　　言

随着社会的发展和文明程度的提高，人们在生活中越来越注重美，这使得人们不仅仅满足于身体健康，还千方百计地追求形体、气质的美。形体气质是一个人的门面，形体气质美能给人以自信，使人在心理上处于一种优势状态。现代窗口行业的工作人员，其形体气质的优美程度在市场经济中可以作为一种竞争筹码，成为用人单位选拔人才的一个准入条件，因此，我们必须十分重视形体气质美的塑造。要充分了解形体气质美的真正含义，了解形体运动的基本原理，建立正确的体态意识，掌握塑造形体、提高气质的手段方法，塑造良好的个人形体形象气质，做一个具有职业体态美感的职场人士。

每个人总是会以一定的仪态出现在别人面前，如一颦一笑、举手投足，站立的姿势或走路的步态等等。我们内在的职业素养要通过外在的形体气质形象才能很好地表现出来，并给人留下良好的第一印象。通过形体气质训练，可以建立个人体态美感，展现气质特征，提高形象品位。作为即将踏入职场和已经在职场上打拼的就业者，从理论到实践进行系统全面的学习与训练尤为重要。作者本着全面设计和塑造职业人优美的形象气质、健康的形体形态的目的，总结了多年形体塑造的教学经验，科学合理地编排了适合职业人或即将踏入职业岗位的人群进行形体气质塑造的各种训练方法，仅供大家参考。

著　者

2020 年 7 月

目　　录

1 形体运动基本理论 ·· 1
　1.1 形体运动的基本概念及作用 ··· 1
　1.2 身体形态可塑性的理论依据 ··· 1
　　1.2.1 人体骨骼可塑性的特征 ·· 2
　　1.2.2 人体肌肉可塑性的特征 ·· 3
　　1.2.3 人体皮下脂肪可塑性的特征 ··· 3
　1.3 青春期是塑造体形，改善形态的最佳时机 ··· 4
　　1.3.1 身高和体重的增长 ·· 4
　　1.3.2 肌肉力量的突增 ·· 5
　　1.3.3 多余脂肪的消除 ·· 5
　1.4 身体形态的基本特征 ·· 5
　　1.4.1 男女身体形态相关评价指标 ··· 6
　　1.4.2 人体黄金分割 ··· 7
　1.5 理想体重的常见计算方法 ··· 7
　　1.5.1 理想体重的简易计算方法 ·· 7
　　1.5.2 世界卫生组织身体质量指数 ··· 10
　1.6 身体成分及其评价 ··· 11
　　1.6.1 体脂率和 FFM 的变化 ·· 12
　　1.6.2 正常的体脂含量和肌肉含量 ··· 13
　　1.6.3 身体成分评价的意义 ·· 13

		1.6.4 常用检测手段与评估方法	13
1.7	形体美的内涵及要素的组成		17
1.8	职业对形体美的要求		19
		1.8.1 塑造身体姿态美	20
		1.8.2 塑造形体气质美	20

2 形体运动训练方法 23

2.1	塑造完美身体形态		23
		2.1.1 颈部塑形训练	25
		2.1.2 肩部塑形训练	33
		2.1.3 手臂塑形训练	46
		2.1.4 胸部、背部塑形训练	63
		2.1.5 腰、腹部塑形训练	78
		2.1.6 臀部塑形训练	93
		2.1.7 腿部塑形训练	102
2.2	塑造形体气质综合练习		125
		2.2.1 优雅的站姿	125
		2.2.2 正确的坐姿	131
		2.2.3 自信的走姿	139
		2.2.4 形体气质组合练习	153

3 形体运动合理饮食 184

3.1	科学合理地摄取食物营养	185
3.2	合理安排膳食营养	185

4 形体运动小贴士 187

4.1	塑造形体美道理很简单，可为什么做起来并不是那么容易	187
4.2	有些人狂吃也不胖，有些人喝水就长胖，这是为什么呢	188
4.3	有氧运动为什么要持续30分钟以上减肥效果才更好	188

4.4 减肥期间肌肉锻炼的过程中应该多喝水还是少喝水呢 …………… 189

4.5 减肥瘦身的过程中，为什么体重降而复升呢 …………………… 189

附录一　室内椅子形体操 ……………………………………………… 191

　1. 室内椅子形体操视频 …………………………………………… 191

　2. 室内椅子形体操音乐 …………………………………………… 191

附录二　美姿形体组合操 ……………………………………………… 191

　1. 美姿形体组合操视频 …………………………………………… 191

　2. 美姿形体组合操音乐 …………………………………………… 191

参考文献 ………………………………………………………………… 192

1 形体运动基本理论

1.1 形体运动的基本概念及作用

形体运动是以身体练习为基本手段,通过徒手或利用各种器械,匀称和谐地发展人体,促进人体形态更加健美的一种体育运动。它是以提高人的形体表现为目的的形体技巧性训练,可以塑造正确优美的体形姿态。形体训练集体育、舞蹈、音乐、礼仪于一体。通过学习与训练使学习者了解和掌握形体塑造的基础知识和基本技能,达到锻炼健康体魄、塑造优美形态、培养高雅气质、提升职业素养等目标[1]。

形体运动能使练习者增强身体素质[2]。作者从多年形体运动的实践教学中发现,长时间的形体锻炼,可以增强人体运动的协调性与灵活性,提高练习者的体能耐力、身体素质和运动能力。据文献资料记载,坚持 10 周以上的形体训练,还能提高身体血清总补体活性(CH_{50}),增强机体的免疫能力[3]。

形体运动能够培养练习者的健康美意识,塑造形体美。健康美主要是指在健康身体的基础上所表现出来的良好的精神状态,比一般理解的身体健康有了更高的目标和追求[4]。形体运动理论知识的学习,突出强调健康美与病态美的区别,培养练习者健康美的意识,走出盲目瘦身的误区。

1.2 身体形态可塑性的理论依据

人体的外在形态是由身体各部分可测出的各种量度(例如长度、宽度、围度等)来衡量的。

肢体的长度主要取决于骨骼的长度,肢体的围度大小主要取决于骨、肌肉和皮下脂肪的总和。人体骨骼、肌肉和皮下脂肪的含量并不是固定不变的,而是始终处于动态变化之中,这就给形体改变提供了理论依据。形体运动通过形体的持续运动,使身体肌肉组织的含量向着合理的方向变化,从而达到重塑体形的目标。

1.2.1 人体骨骼可塑性的特征

人体骨骼的生长主要有两种形式:一种是膜内成骨,另一种是软骨内成骨。

膜内成骨,是直接从胚性结缔组织膜内形成骨组织,通过骨化,成为骨基质。膜下的成骨细胞不断产生新的骨基质,使骨不断加厚,并对骨折后的愈合和再生起到关键作用。软骨内成骨,即在软骨逐渐被破坏的基础上缓慢形成骨组织。人在成年以前长骨的两端称为骨骺,有一层骺软骨,这层骺软骨不断生长、不断骨化,使长骨逐渐变长,人就不断长高,直到20~25岁时,这层软骨完全骨化,人才停止身高发育。

在人体内,骨骼和其他器官一样,经常不断地进行新陈代谢,而且还会受到许多因素的影响,当体内环境或外界环境发生变化时,结构上也会发生改变。

人体的许多功能都遵循"用进废退"的基本原理,如果经常使用,会促进其功能的增强;如果不经常使用,就会使原有的功能逐渐衰退。人体的骨骼也遵循这一原理,经常进行体育运动,促使骨骼受到纵向的压力和适当的冲击力,会增加骨骼摄入的钙离子,使骨密质增厚,促进骨骼的生长,使骨增长、增粗。同时,人在体育锻炼时,会加速身体内血液的循环,新陈代谢变得旺盛,生长激素分泌量就会明显增多,骨骺、肌肉均能获得充分的营养,从而促进身体的发育。身高就会长得更高一些,增长的速度也会变得更快一些。

少年儿童骨骼的化学成分与成年人不同,含的有机物较多、无机物较少,成年人骨中有机物和无机物含量的比例为3∶7,儿童为1∶1。有机物含量越多,骨骼就越柔软;无机物含量越多,骨骼的硬度就越大。因此,少年儿童骨骼的弹性大且硬度小,不易骨折但易发生畸形。

根据青少年骨骼的特点,如果平时不重视坐、站、走等基本姿势正确姿势的培养,或平时身体各个部位的受力不均匀,就会使骨骼产生变形。在少年儿童时期,身体脊柱的弯曲度尚未固定,活动性很大,因此不良的身体姿势的养成和不正确的体育运动方式都会致使脊柱发生弯曲或侧弯等异常现象。过早地从事大运动量的力量性练习和负担过重的压力往往会使长骨两端的骺软骨带过早骨化而妨碍骨骼的增长,影响青少年身高的正常发育。同时,儿童时期如果长时间地站立和负重,也会影响下肢骨的发育,并且可能形成下肢骨弯曲或足弓塌陷等异常体形,例如"O"形腿、"X"形腿和"XO"形腿。

同理,我们也可以利用骨骼的可塑性特点,通过科学、正确的形体训练,让骨骼朝着正确的体态方向生长,使骨骼更加修长、更为挺拔,使人体各部分的骨骼比例更加理想。

1.2.2 人体肌肉可塑性的特征

肌肉与骨骼一样,具有极大的可塑性。肌肉也遵循"用进废退"原理,通过肌肉力量训练,可使肌肉的生理横断面增加,肌纤维增粗,肌肉块增大;如果肌肉长时间承受的拉力不够,肌肉的生理横断面就会减小,肌纤维变细,肌肉块缩小。青少年的肌肉比较柔软,肌纤维较细,间质组织相对较多,肌腱宽而短,肌肉中所含水分比成人多,蛋白质、脂肪、糖和无机盐较成人少,能量储备少,与成人相比,具有更大的可塑性。可以通过形体塑形训练,改善身体各部位的围度,使某些部位的肌肉增粗、发达,向着健康优美的方向发展,使肢体的线条更加纤长、更加有型。

1.2.3 人体皮下脂肪可塑性的特征

脂肪又称脂质,是人类身体结构的重要组成部分。人体的脂肪组织主要由脂肪细胞和少量细胞间胶原物质组成。正常情况下,体内保持有一定量的脂肪沉积,可以帮助维持人体体温,提供机体需要的能量,参与机体的各项代谢活动等。人体脂肪组织的总量取决于体内脂肪细胞的数量和脂肪细胞内脂质的含量。而脂肪组织的总量则决定了人体的胖瘦程度。人体内正常的脂肪含量与体重的百分比,因年龄和性别的差别会有所不同。新生儿脂肪含量约占体重的10%;在成年早期(30岁以前),身材细长的男性脂肪含量约占体重的10%,而女性则占体重的15%左右。30岁以后,正常男性脂肪含量约占体重的15%左右,而女性则可达到22%左右。一般认为,如果总脂肪量男性超过25%,女性超过30%,则为肥胖。

体内的脂肪主要分布在皮下组织、内脏器官的周围、腹部网膜上。皮下组织是体内脂肪最大的储存场所。正常状态下，体内大约有 2/3 的脂肪是储存在皮下组织中的。不同部位的皮下组织中脂肪的储存量并不完全相同，腹部、臀部和双侧大腿上段，以及腰背部皮下组织对脂肪的储存能力大于机体其他部位。女性的乳房、肩背部以及双上臂的内外侧也是脂肪容易沉积的地方。位于皮下组织内的脂肪具有保持机体正常体温，防止体温过度丢失的功能。皮下组织中的脂肪还起着塑造人体外形美的作用。如果皮下组织内的脂肪储存过多，人的外表形态就会发生变化，轻者使人失去美的外表，重者则会使人行动产生不便，甚至失去行动自由。

肢体围度是骨骼、肌肉和皮下脂肪的总和。皮下脂肪与骨骼肌肉相比可塑性更大。如果摄入的能量过多，在体内积累，转化成脂肪，大部分会储存在皮下，皮下脂肪则会增厚，从而导致肢体围度增加；如果加强身体素质的锻炼，增加身体活动的强度，再通过适当的形体塑形训练，使能量消耗大于能量摄入，则皮下脂肪的储存量与厚度就会减少，肢体围度相对也会减小。

综上所述，形体锻炼可以使骨骼更加挺拔，肌肉线条更加纤长，皮下脂肪储存逐步减少。正是通过这三个方面的变化，使人体的外在形态得以改变，实现人体形态的塑造。

1.3 青春期是塑造体形，改善形态的最佳时机

青春期是人生的黄金时代，也是体形发生改变的重要阶段。青少年男性一般在 14 岁左右，青少年女性一般从 12 岁开始，身体会产生较大的生长变化。

1.3.1 身高和体重的增长

在人身体发育的过程中，身高主要取决于下肢骨和脊椎骨的长度。除了先天的遗传因素以外，后天的锻炼、营养的摄取都会对身高产生较大的影响。青春期人体生长激素分泌旺盛，适当的体育锻炼可以加强骨细胞的血液供应，有利于提高骺软骨的增殖能力。据研究，运动以后人体的生长激素分泌量会明显增加，一年的体育锻炼就能使男孩子的身高比不锻炼的同龄者多长 1～2 cm，女孩子多长 2～3 cm。一般男性在 23～26 岁、女性在 19～23 岁身高才会停止增长，这是因为骨骺闭合

了。由于女性的骨骺闭合一般比男性早，所以成年女性大都比男性要矮。而青春期的体重增长速度不如身高显著，但增长的时间较长、幅度较大（成年人的体重仍可增长）。

1.3.2 肌肉力量的突增

体重决定于骨骼、肌肉、脂肪和内脏器官的总重量和肌肉发育的程度，而肌肉和脂肪是青春期阶段最大的可变因素。经常参加体育锻炼可使肌肉体积明显增大、重量明显增加、工作能力大大提高，如灵活协调、反应迅速、准确有力、耐久高效。

1.3.3 多余脂肪的消除

脂肪是人体主要的储能物质，并且有较好的保温作用。但脂肪在体内积累过多就会导致肥胖，它会给我们的生活、工作带来诸多不便，而且会影响到身体的健康。通过科学系统的力量训练可以使练习者的肌肉收缩，有效增加热量的消耗和脂肪的燃烧，从而减少体内过多的脂肪。长时间的训练，可以有效改善身体形态，使男性显示出刚强有劲的体态，女性显示出凹凸有致的形态。

1.4 身体形态的基本特征

身体形态是指人体的体形和特征。不同年龄阶段，身体形态的比例变化如图1-1。

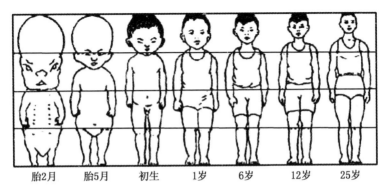

图1-1 胎儿时期至成人时期身躯的比较（图片来源于医学教育网）

人从小到大，身体形态的比例一直在不断地变化，头部占身体的比例在逐渐减小。成人身体各部位的比例不是小孩身体各部位比例的简单放大，而是以不均衡的形式进行发育。胎儿时期，头占身长的 1/2，初生儿的头占身长的 1/4，2 岁时占 1/5，6 岁时占 1/6，12 岁时占 1/7，到成年人时仅仅占 1/8，也就是大家通常说的"八头身"。对于模特或艺术体育等职业，由于职业的需要，会挑选一些下肢较长，身材高挑，头占整个身长 1/9，俗称"九头身"的人，进行专业的形体训练，以达到职业所需的身材条件。

1.4.1 男女身体形态相关评价指标

身体形态指标是指身体及其各部分可以被测量出的各种量度，例如长度、宽度、围度以及重量等，人们最常使用的评价指标是身高和体重。

（1）代表长度的指标有身高、坐高、手长、掌长、足长、上肢长、下肢长和腰长等。

（2）代表宽度的指标有肩宽、掌心宽、骨盆宽、胸廓横径和前后径等。

（3）代表围度的指标有头围、胸围、腰围、臀围、上臂围、大腿围和小腿围等。

从不同角度进行测量，会有不同的身体形态评价标准，下面就给大家提供一些常用的形态参考标准。

女性标准三围的计算方法（测量时误差不得超过 ±0.5 cm）：

胸围 = 身高（cm）×0.535

腰围 = 身高（cm）×0.365

臀围 = 身高（cm）×0.565

腿长：站直时，从足跟到胯下的长度。

大腿围：大腿最粗部位的周长。

大腿围的理想尺寸 = 身高（cm）×0.3

小腿围：小腿最粗部位的周长。

小腿围的理想尺寸 = 身高（cm）×0.2

女性形体标准如表 1-1。

表 1-1 女子形体标准尺度参考表

身高/cm	胸围/cm	腰围/cm	臀围/cm	腿长/cm	大腿围/cm	小腿围/cm
150	79.5	55.5	81.0	68.3	46.8	28.1
153	81.1	56.6	82.6	69.1	47.6	28.5
155	82.2	57.4	83.7	70.5	48.1	28.9
157	83.2	58.1	84.8	71.4	48.6	29.2
160	84.8	59.2	86.4	72.8	49.4	29.6
163	86.4	60.3	88.0	74.2	50.2	30.1
165	87.5	61.1	89.1	75.1	50.7	30.4
167	88.5	61.8	90.2	76.0	51.2	30.7
170	90.1	62.9	91.8	77.4	52.0	31.2
173	91.7	64.0	93.4	78.7	52.8	31.7
175	92.8	64.8	94.5	79.5	53.3	32.0

实际计算得出的数据与标准数据相比 ±5 cm 均属标准，大于 5 cm，说明过于丰满（偏胖），小于 5 cm，说明过于苗条（偏瘦）。

1.4.2 人体黄金分割

就人体结构的总体而言，腰以下长度占全身长度的 61.8%，称作人体黄金分割，计算公式如下：

$$\frac{腰以下的长度}{身高} \times 100\% = 61.8\%$$

例如：某女性身高 160 cm，腰以下的长度是 97 cm，那么结果就是 97/160×100%≈60.63%，越接近 61.8% 的标准数值，说明该位女性的身材比例越理想。

1.5 理想体重的常见计算方法

1.5.1 理想体重的简易计算方法

理想体重的计算方式一：

$$男性理想体重（kg）=[身高（cm）-80]×0.7$$
$$女性理想体重（kg）=[身高（cm）-70]×0.6$$

例如：某男性身高 180 cm，其理想体重应该是：

$$[180-80]×0.7=70\ (kg)$$

例如：某女性身高 160 cm，其理想体重应该是：

$$[160-70]×0.6=54\ (kg)$$

理想体重的计算方式二：

$$男性理想体重（kg）=身高（cm）-100$$
$$女性理想体重（kg）=身高（cm）-105$$

例如：某男性身高 175 cm，其理想体重应该是：

$$175-100=75\ (kg)$$

例如：某女性身高 165 cm，其理想体重应该是：

$$165-105=60\ (kg)$$

男女标准体重对照表如表 1-2、表 1-3。低于理想体重 10% 者为偏瘦，低于 20% 者为消瘦；超过理想体重 10% 者为偏重，超过 20% 者为肥胖。

表 1-2 男子标准体重对照表

年龄/岁	不同身高对应的标准体重/kg									
	152	156	160	164	168	172	176	180	184	188
19	50	52	52	54	56	58	61	64	67	70
21	51	53	54	55	57	60	62	65	69	72
23	52	53	55	56	58	60	63	66	70	73
25	52	54	55	57	59	61	63	67	71	74
27	52	54	55	57	59	61	64	67	71	74
29	53	55	56	57	59	61	64	67	71	74

(续表)

年龄/岁	不同身高对应的标准体重/kg									
	152	156	160	164	168	172	176	180	184	188
31	53	55	56	58	60	62	65	68	72	75
33	54	56	57	58	60	63	65	68	72	75
35	54	56	57	59	61	63	66	69	73	76
37	55	56	58	59	61	63	66	69	73	76
39	55	57	58	60	61	64	66	70	74	77
41	55	57	58	60	62	64	67	70	74	77
43	56	57	58	60	62	64	67	70	74	77
45	56	57	59	60	62	64	67	70	74	77
47	56	58	59	61	63	65	67	71	75	78
49	56	58	59	61	63	65	68	71	75	78
51	57	58	59	61	63	65	68	71	75	78
53	57	58	59	61	63	65	68	71	75	78
55	56	58	59	61	63	65	68	71	75	78
57	56	57	59	60	62	65	67	70	74	77
59	56	57	58	60	62	64	67	70	74	77

表1-3 女子标准体重对照表

年龄/岁	不同身高对应的标准体重/kg									
	152	156	160	162	164	166	168	170	172	176
19	46	47	49	50	51	52	54	56	57	60
21	46	47	49	50	51	52	54	56	57	60
23	46	47	49	50	51	52	54	56	57	60
25	46	48	49	50	51	53	55	56	57	61
27	47	48	50	51	52	53	55	56	58	61

(续表)

年龄/岁	不同身高对应的标准体重/kg									
	152	156	160	162	164	166	168	170	172	176
29	47	49	51	52	53	54	56	58	59	62
31	48	49	51	52	53	54	56	58	59	62
33	48	50	51	52	53	55	57	58	59	63
35	49	50	52	52	53	55	57	59	60	63
37	49	51	53	53	54	56	59	60	61	64
39	50	52	53	53	55	57	59	60	61	65
41	51	52	54	54	55	57	59	61	62	65
43	51	53	55	55	56	58	60	62	63	66
45	52	53	55	55	57	58	60	62	63	66
47	52	53	55	55	57	58	60	62	63	67
49	52	53	56	56	57	59	60	62	63	67
51	52	54	56	56	57	59	61	62	63	67
53	53	54	56	56	58	59	61	62	64	67
55	53	54	56	57	58	60	61	63	64	67
57	53	55	56	57	58	60	61	63	64	68
59	53	55	56	57	58	60	61	63	64	68

以上不同的方法，结果会有不同，仅供参考。

1.5.2 世界卫生组织身体质量指数

（1）身体质量指数（BMI）

身体质量指数（简称体质指数、体重指数，Body Mass Index，BMI），是用体重（以千克为单位）除以身高（以米为单位）的平方得出的数字，是国际上常用的衡量人体胖瘦程度以及健康与否的一个标准。

身体质量指数（BMI）的计算公式：

$$身体质量指数（BMI）= 体重/身高^2$$

世界卫生组织公布的 BMI 标准具体如表 1-4。

表 1-4 世界卫生组织的 BMI 标准

分级	肥胖程度	身体质量指数（BMI）/（kg·m^{-2}）
低体重	—	＜18.5
正常	—	18.5～24.9
超重	—	25.0～29.9
肥胖	Ⅰ	30.0～34.9
肥胖	Ⅱ	35.0～39.9
极度肥胖	Ⅲ	≥40

这是世界卫生组织面向全世界公布的 BMI 标准，但是也有一些专家学者认为这一评价标准较为符合欧美国家，亚洲人群的评价标准应该要低一些，世界卫生组织西太区办事处、国际肥胖研究协会等在 2002 年 2 月联合发布了《亚太地区肥胖的重新定义和处理》的指导性手册，将 BMI 大于或等于 23 kg/m² 定义为超重，将 BMI 大于或等于 25 kg/m² 定为肥胖。也有学者认为此标准只适用于成年人，而不适用于儿童。

（2）体重百分数

实际体重与标准体重的差值常被用于衡量体重是否正常。标准体重是一个数值范围，通常我们把这个数值范围称为正常值。如果超过了这个范围，就称为体重异常。实际体重超过正常值 20% 以上为肥胖；实际体重超过正常值 50% 以上为重度肥胖。

1.6 身体成分及其评价

组成人体各组织、器官的成分即为身体成分。根据各个成分生理功效的不同，常把体重划分为体脂重（脂肪重，FM）和去脂体重（瘦体重，FFM），即身体成分的生理二成分。身体成分又常以体脂率或 FFM（kg）来表示。

通常状况下，人的身体主要是由水、蛋白质、脂肪、无机物四种成分构成，普通成年人的正常比例是：水占55%，蛋白质占20%，脂肪占20%，无机物占5%。也可以说，这是实现人体成分均衡和维持身体健康的一个最基本的条件。人体内水分以细胞膜为界线，存在于细胞内部和外部，其含量在一定范围内变化调整。蛋白质与水分一起主要构成肌肉层，分布在四肢、内脏及人体各个部位。脂肪外成分指的是身体上除脂肪外的所有成分，即肌肉和骨骼的总量。人体脂肪主要存在于皮下和腹部内脏周围，分解后释放出正常生理活动所需的能量。如果脂肪过多，就会积累在体内，导致肥胖问题。健康人体内的脂肪成分需保持一定比例，否则有可能出现肥胖、营养缺乏、浮肿、骨质疏松症等。所以，应定期监测身体成分，密切观察自己的身体构成变化，明确脂肪、肌肉在体内的分布情况，可以针对自身薄弱部位，进行有目标性的锻炼以塑造完美身材。

1.6.1　体脂率和FFM的变化

体脂率和FFM的变化有年龄、性别、身材、种族等方面的差别。青春期开始常伴有FFM的急剧增加，男孩的FFM增加更明显，而女孩的体脂率增加较明显。成年女性体脂率较男性高，而FFM仅为男性的2/3。进入成年后期，男女FFM平均值有轻度降低。研究表明，成年人FFM的波动小于体脂率的变化，因此，成年人体重的波动主要是由体脂率变动造成的（表1-5）。

表1-5　不同年龄平均体重、FFM和体脂率

项目	新生儿	10岁		15岁		成年人	
		男	女	男	女	男	女
体重/kg	3.4	31	32	60	54	72	58
FFM/kg	2.9	27	26	51	40	61	42
体脂率/%	15	13	19	15	26	15	28

数据来源：Ziegler E E, Filer L J, Jr. 现代营养学［M］. 闻芝梅，陈君石，译. 7版. 北京：人民卫生出版社，1998.

所有年龄段的FFM都与身高呈直线相关。东方人一般比白种人身材矮小，其体重也较轻，所以FFM也较低。身高和体重受遗传的影响，FFM、总体脂量和皮褶厚度同样也受遗传因素的影响。

1.6.2 正常的体脂含量和肌肉含量

男人和女人有各自不同的性别特征。从生理结构特点进行分析比较：男性肌肉较为发达，肌肉占体重的百分比为35%～45%，脂肪含量比较低，脂肪占体重的百分比为10%～15%；而女性肌肉发达程度要弱于男性，肌肉占身体体重的百分比为25%～35%，而脂肪含量较高，脂肪占体重的百分比为20%～25%。

从数据上不难看出，男性的肌肉含量比女性要高出10个百分点，脂肪含量比女性低了10个百分点，所以男性的体态一般表现为线条清晰、轮廓粗壮、肌肉较为发达。而女性的体态一般表现为肌肉柔软、线条纤细、曲线优美。

1.6.3 身体成分评价的意义

身体各组成成分的数量及其分布，不但影响体质的强弱，且若其异常增长和分布还会对人体健康产生不利的影响。因此，身体成分被认为是与健康相关的体质评价指标（Health-related Physical Fitness Component），用它可以监测营养状况、体液平衡状况和生长发育状况等，在临床和基础研究中具有重要价值，越来越受到人们的重视。身体成分评估在减肥、健美和运动员控制体重等方面也都有十分重要的作用。

1.6.4 常用检测手段与评估方法

目前身体成分检测手段和评估方法有：身体密度法（如水下称重法和空气置换法）、人体测量法（如皮褶厚度法、围度测量法、双光能分析法、核磁共振法、CT法）、生物电阻抗分析法和生化方法（如总体水法、总体钾法）等，现就经常使用的四种方法予以详细介绍。

1) 水下称重法

水下称重法是传统的、经典的身体成分估算方法，过去被许多研究机构广泛采用。该方法主要是通过陆上体重和水中体重的差值来得出人体的体积，计算出身体的密度，再通过公式推算出人体的体脂重和去脂体重。其原理是身体内脂肪越多，身体密度越小，在水中的浮力就会越大；相反，身体内脂肪越少，身体密度越大，在水中的浮力就会越小。检测步骤如下：

(1) 残气量的估测

一般采用两种方法：第 1 种是常数法，即把男子的残气量定为 1 300 mL，女子的定为 1 000 mL；第 2 种是肺活量法，该方法设定男子的残气量相当于肺活量的 24%，女子的残气量为肺活量的 28%。要求使用仪器准确测量肺活量。

(2) 身体密度的计算

$$身体密度 = \frac{陆上体重（kg）}{\frac{陆上体重（kg）- 水中体重（kg）}{水的密度（g/mL）} - 残气量（mL）}$$

测量陆上体重和水中体重。水中测量时，要求受试者排净大小便，使用肥皂清洗身体，身着泳衣。下水后排净泳衣内气泡，出水面深吸口气，在水内吐尽肺内气体后，检测体重。依公式计算身体密度。不同温度时水的密度不同，常/用值如表 1-6。

表 1-6 不同温度水的密度常用值

温度/℃	密度/(g·mL^{-1})	温度/℃	密度/(g·mL^{-1})
21	0.998	31	0.995 4
22	0.997 8	32	0.995 1
23	0.997 5	33	0.994 7
24	0.997 3	34	0.994 4
25	0.997 1	35	0.994 1
26	0.996 8	36	0.993 7
27	0.996 5	37	0.993 4
28	0.996 3	38	0.993
29	0.996	39	0.992 6
30	0.995 7	40	0.992 2

(3）计算体脂率

Siri 公式（1956 年）：体脂率 =（4.95/身体密度 - 4.50）×100

Brozek 等公式（1963 年）：体脂率 =（4.570/身体密度 - 4.142）×100

体脂重（kg）= 体重（kg）× 体脂率

去脂体重（kg）= 体重（kg）- 体脂重（kg）

2）皮褶厚度法

人体脂肪分布有一定的规律，通常 2/3 存在于皮下，1/3 存在于身体内部和脏器周围。皮下脂肪厚度与体脂总量有一定的比例关系，因此，皮褶厚度的测量不仅可以反映体脂分布情况，也可以从不同部位的皮褶厚度推算出身体内体脂的总量。皮褶厚度测定方法较为简单易行，在我国使用得也较为普及。在体育科研中采用此法比较多，但是由于测量过程中容易出现数据误差，所以需要经过专业培训的人员进行测试。一般情况下，同年龄女性皮下脂肪多于男性；同性别年轻人皮下脂肪多于老年人。检测时使用的器材有皮褶厚度卡钳和标尺。检测步骤如下：

校验皮褶厚度卡钳。测量前应先校验卡钳，将砝码挂于钳口，调整指针至红色标记刻度 15～25 mm 范围内。每次测试前应将指针调至零点，卡钳压强应保持在 10 g/mm^2，面积为 20～40 mm^2，如图 1-2。

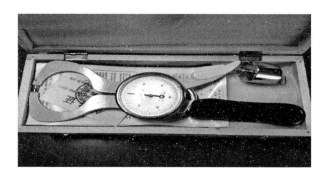

图 1-2　皮褶厚度卡钳

具体检测部位：躯干测量部位——肩胛骨下角、胸部、腹部和髂前上棘等；四肢测量部位——肱三头肌和大腿等。女性常测部位有：肱三头肌、髂前上棘和大腿；男性常测部位有：胸部、腹部和大腿。

测试要求受试者自然站立，暴露身体的右侧测量部位。各测量部位的定位：上臂（肱三头肌部位），上肢自然下垂，于肩峰与尺骨鹰嘴突连线中点处，垂直捏起皮褶；肩胛骨下角，在肩胛骨下角1~2 cm处与脊柱呈45°夹角斜捏起皮褶；髂前上棘，髂棘上方其水平线与腋中线交界处，垂直捏起皮褶；腹部，在脐旁右侧2 cm处垂直捏起皮褶；大腿，腹股沟中点与髌骨上缘中点连线的中点，皮褶方向与大腿纵轴平行；胸部，在腋前线和乳头连线的中点（男性）或1/3处（女性）斜捏皮褶。

测试方法：测试者选准测量点，用左手拇指和食指、中指将皮褶捏起，右手持皮褶厚度卡钳，卡在捏起部位下方约1 cm处，待指针停稳，立即读数并做记录，测量3次取中间值或均值，任意两次测量误差不得超过5%。以mm为单位，取小数点后一位记录。

计算方法：将皮褶厚度（mm）测量数据代入身体密度计算公式，计算身体密度，再将身体密度代入Siri或Brozek预测公式，计算体脂率。

(1) 7个测量点（胸部、腋前线、肱三头肌、肩胛骨下角、腹部、髂前上棘、大腿）身体密度计算公式

身体密度（男）$= 1.112 - 0.000\ 434\ 99 X_1 + 0.000\ 000\ 55 X_1^2 - 0.000\ 288\ 26 X_2$

身体密度（女）$= 1.097 - 0.000\ 469\ 71 X_1 + 0.000\ 000\ 56 X_1^2 - 0.000\ 128\ 28 X_2$

X_1——胸部、腋前线、肱三头肌、肩胛骨下角、腹部、髂前上棘和大腿皮褶厚度之和。

X_2——年龄（岁）。

(2) Jackson、Pollock和Ward的身体密度公式

身体密度（男）$= 1.112\ 502\ 5 - 0.001\ 312\ 5 X_1 + 0.000\ 005\ 5 X_1^2 - 0.000\ 244\ 0 X_2$

身体密度（女）$= 1.089\ 733 - 0.000\ 924\ 5 X_1 + 0.000\ 005\ 5 X_1^2 - 0.000\ 097\ 9 X_2$

X_1——男性：胸部、肱三头肌和髂前上棘的皮褶厚度之和。

女性：髂前上棘、肱三头肌和腹部的皮褶厚度之和。

X_2——年龄（岁）

我国现阶段学龄儿童少年体脂率的调查也都采用皮褶厚度法来间接估算体脂重。

(1) 常用公式

男生：体脂率 = 6.93 + 0.428X

女生：体脂率 = 7.896 + 0.458X

X（皮褶厚度）(mm) = 肱三头肌、肩胛角下角皮褶厚度之和。

(2) 根据体脂率计算体脂重和去脂体重

体脂重 (kg) = 体重 (kg) × 体脂率

去脂体重 (kg) = 体重 (kg) − 体脂重 (kg)

3) 围度测量法

围度测量法也是身体成分测量中被经常使用的一种较为简便的方法。测量部位有：上臂围、前臂围和腰围（男性）；大腿围、前臂围和腰围（女性）。所得数据代入下列计算公式进行计算，即可估算出体脂率：

体脂率（男性）= 上臂围 + 腰围 − 前臂围 − 10.2

体脂率（女性）= 腰围 + 大腿围 − 前臂围 − 10.2

4) 生物电阻抗分析法

这种方法的原理是非脂肪组织比脂肪组织有更高的电荷容量，通过脂肪组织和非脂肪组织的导电率差别来估算身体成分。该方法具有快速方便、成本低廉、无创安全等特点，适用于各种人群，有广阔的应用前景。目前在医疗康复机构、健身俱乐部、营养研究机构、家庭使用较为普遍。测量时在腕部和踝部放置体表电极（也有仅在双足下面放置表面电极），使用无痛电流，测定身体对电流的阻抗，从而间接估算出体脂重、去脂体重及身体含水量。

1.7 形体美的内涵及要素的组成

人体是自然世界的一部分，具有自然美是它的基本特点之一[5]。爱美之心人皆有之，人类自古以来就有追求美的心理倾向。随着当今社会的不断进步，人们物质生活水平的不断提高，对美的追求也是与日俱增，修身成了大众的时尚。但是，很

多人为了达到快速改善体形的目的，不惜以摧残身体健康的方式获得清瘦，获得身体形态的变化。实际上，这是一种对自己和社会极其不负责任的行为，是受到了不健康的社会审美观念的影响，当为我们所不取。我们应该以身体健康为依托，展现出一种健康的形体美。

形体，作为一种审美对象，在人们审美主体中极具魅力，它具有外在和直观的特点，是引导审美主体进一步发掘审美客体内在美的关键。形体美来源于科学合理的营养和系统持续的锻炼，这是青春常驻、健美持久的重要因素，是人们对一个人外在形体进行评价的基础。它不仅有人体静态的美，还包含了人体行动时的动态的美。在人们日常活动行为中体现出的多样式、多变化的人体形态美，主要体现在身体动作的姿态上。生活、工作中身体姿态的正确呈现，不仅体现了一个人的精神面貌，还关系到其体质健康。

在日常生活中，可供人们作为审美对象的主要包括坐姿、站姿和走姿三种基本身体姿态，是审美主体对一个人身体形态、动作姿态和行为举止等多方面的综合评价。向往形体美、追求形体美、塑造形体美，是人类不断发展进步的象征之一，也是人类社会文明的具体表现。

形体美是由多种要素有机组合而成的整体性的动态系统。它主要体现在，肢体比例适度、肌肉均衡、身体丰满、体态协调、灵活、身姿高雅、自信，它们之间相互作用、相互影响、相映生辉，形成了形体静态、动态的美感。我们抛开从生理学角度对身体评价的具体数据指标，大致可以把人体形态美的基本条件要素归纳为以下几点：

（1）身体各部位的发育要符合一定的比例，这种比例关系必须符合人正常发育的规律，符合同年龄人的基本特征。比如，身高要高于或不明显低于当地同性、同龄人的平均高度；头与整个身高，上、下肢与身高，躯干与身高的比例总体匀称；骨骼发育正常、身体关节不显得过于粗大突出。

（2）肌肉发达均衡，皮下脂肪适当，体现在肌肉富有弹性和显示出人体形态的强健，特别是腰腹部没有多余的脂肪堆积。比如，女性的腰腹部应粗细适中、圆润、柔韧灵活，能体现一种活泼的青春之美；男性的腰腹部应粗壮结实，有棱角分明的腰肌，体现男性特有的刚毅有型。

（3）身体左右对称，从正面或背面看身体左右两侧要平衡发展。在正常的站姿和坐姿时，人体的对称轴一定要与地面垂直。控制人体对称轴的重要部位是脊柱，脊柱的偏斜、扭曲必然破坏人体的对称。比如，双肩对称，稍宽微圆，略显下削，无高低耸肩；脊柱从后望去呈直线，侧视具有正常的生理弯曲度。不当的生活习惯、长期不正确的坐姿和站姿，都会造成身体的不对称，身体的不对称会很容易影响人的内脏器官的正常发育，长久下去也会影响人的身体健康。

（4）人的形体美有静态美和动态美之分。静态美，即形体匀称、体貌光润，主要由先天遗传和后天习惯养成。动态美，即体态的协调、灵活，主要是通过站、坐、行表现出来的外在身体形态。古人云："坐如钟，站如松，行如风。"这就是说，坐姿要端庄稳重，站姿要挺拔稳健，行走要轻巧灵活。坐、站、行既要体现出一定的力度和速度，又要讲究造型的优美和配合的协调。

（5）英国著名的唯物主义哲学家培根曾指出："相貌的美高于色泽的美，而秀雅合适的动作的美，又高于相貌的美，这是美的精华。"良好的教育与内在的修养，呈现人的气质美和心灵美，折射出人深层的心理活动，乃至潜意识和下意识，在某种程度上还可反映出特定的审美情趣和审美理想，具有很高的审美价值。体形的匀称、体貌的光润、身姿的高雅、气质的自信可以通过身体动作的敏捷、优美、协调、秀雅等动态形式充分体现出来。

1.8　职业对形体美的要求

职业形象，是我们在职场中在公众面前树立的印象，与个人职业角色相符合的可识别的品牌形象。现代社会，工作节奏快、效率高，竞争激烈，大家的公关意识日益觉醒，个人形体、形象已经成为激烈竞争中的资本和无形力量。想要获得理想的职位，并在现代职场中立足，就需要充分认识个人形体、职业形象的重要性。较高的专业知识和文化修养等内在的素质只有通过外在的形体、形象才能更清晰地在第一时间展现出来。要想提高身体素质、提升职业形象、形成良好的形体礼仪、塑造健美的身体形态，就必须要进行系统专业的训练[6]。

商业心理学的研究告诉我们，人与人之间沟通时，影响与信任感来自语言、语调和形象三个方面，所占比例分别为7%、38%和55%[7]。通过这些数据不难发现，形象确实是征服人心的利器，这也被社会中许多事实证明。现在许多用人单位

在招聘新员工时，对应聘者的个人职业形象十分关注，面试中职业形象所占比重很大[8]。在日常交往中，第一印象十分重要，一般通过个人的行为举止判断其身份、地位、学识和能力，并因此影响着信任程度和交往的深度等。一个人的仪态举止是其人格的充分表现。优雅的坐姿、规矩的站相、稳健的步伐体现了完善的人格，是塑造个人形象形体美的基础表现[9]。

1.8.1 塑造身体姿态美

姿态美往往容易被人们忽略。人们对形态的认识一般比较简单直观，对脂肪的多与少、身材的苗条与否很敏感，而对姿态美却认识不够。其实，姿态美是一种极富魅力和感染力的美，它能使人在动静之中展现出自己的气质、修养、品格和内在美[10]。在一些社交场合中，一个人各种姿态的展现会更引人注目，职业形象的效应更为显著。姿态、举止行为往往胜于言语的表达而真实地体现一个人的情操，所谓"此时无声胜有声"。因此，在日常生活中更应有意识地加强对身体姿态美的塑造。

身体姿态美是通过优美高雅的形体姿态来展现的，而得体优美的身体姿态又是由正确的站姿发展而来。站姿是人们日常社会交往中最基本的一种举止行为，是一种静态的身体造型。从一个人的站姿，可以看出他的精神状态、品格修养和健康状况。优美标准的站立姿势是一个人身体姿态美的基础和前提。规范正确的站姿，必须是：全身笔直，头部端正，两眼平视，精神饱满，表情自然；两肩平齐，两臂自然下垂，身体重心落于两腿正中。如果从侧面看，表现为下颌微收，收腹挺胸，腰背挺直，整个身体庄重而又挺拔。这种站姿不仅会使人看起来稳重、大方、俊美、挺拔，还可以帮助人们呼吸，改善身体内的血液循环，可以在一定的程度上缓解身体的疲劳。所以，站姿作为动态身体造型的基础和起点，应该更加得到重视，人们要有针对性地对身体站立姿态进行有效的塑造练习。

1.8.2 塑造形体气质美

气质，是大家非常熟知而又无法轻易捉摸的概念，大有"只可意会不能言传"的意味。人们在日常人际交往中，常常用气质来评价对方，例如"温文尔雅""仪态端庄""举止大方"等等，这都是由气质美所带来的个人风采魅力。一个人持久的、高贵的美莫过于气质美。

从心理学上来说，气质是人们进行心理活动时或在行为方式上表现出来的强度、速度、稳定性和灵活性等动态的心理特征。气质类型是人出生时就具有的，它仿佛使人的全部心理活动都染上了个人独特的色彩[11]。巴甫洛夫的高级神经活动类型学说（高级神经活动有四种基本类型），对人的气质进行了以下分类：

（1）多血质（活泼型）：相当于高级神经活动强而平衡灵活型，表现为热情有能力、活泼敏感、反应迅速、性格好动、喜欢与人交往、注意力容易转移、兴趣容易变换、不愿做耐心细致的工作。

（2）胆汁质（兴奋型）：相当于高级神经活动强而不平衡型，表现为性情直率、精力旺盛、情绪易于冲动、心境变换剧烈，能以较高的热情埋头做事。兴奋时，决心克服一切困难；精力耗尽时，情绪又一落千丈。

（3）黏液质（安静型）：相当于高级神经活动强而平衡不灵活型，表现为稳重安静、沉默寡言，善于克制忍让，生活有规律，反应缓慢，情绪不易外露，注意稳定但又难于转移，善于忍耐。做事态度持重、不卑不亢、不爱空谈、严肃认真，但不够灵活、因循守旧、对工作缺乏热情。

（4）抑郁质（抑制型）：相当于高级神经活动弱型，兴奋和抑郁过程都弱。表现为沉静、深沉、易相处、人缘好，办事稳妥可靠，做事坚定，能克服困难；但比较敏感，易受挫折、孤僻、寡断，疲劳不容易恢复，反应缓慢，易多愁善感，比较善于觉察到别人不易察觉的微小事物。

人的气质类型可以通过一些方法来加以测定，但只属于某一种类型的人却很少，大多数人是介于各个类型之间的中间类型，即混合型，例如，多血-黏液质、胆汁-多血质等。

从形体美的角度来定义气质的话，它是指一个人的风度、风格以及风貌，是通过个人的仪表仪态、礼仪社交等方面来表现。气质是每个人相对稳定的个性特点和风格气度。它酝酿于内、发之于外，它受先天遗传影响，更缘于后天的培养。风格气度是一个人的外在与内在、形象与精神和谐统一的心理反映，是人的身段、步态、眼神表情、言谈举止、着装打扮、气质性格、涵养品德、风格风貌的总和，是精神状态、行为举止、文化修养的集中表现。

气质美可分为外在美和内在美，外在美侧重于形式，而内在美则是核心。外在

美是内在美的表现,内在美是外在美的基础。"内"和"外"的素质不是独立的,它们具有互动的关系。如果没有内在美,那么外在美只不过是追求肢体的美,遗忘了内在的更为广泛的美。但没有外在美,内在美则不露,有美不外露可以说美不到哪里。内在美为外在美奠定了良好的基础,而外在美又为内在美的表现提供了条件,因而,两者同等重要,缺一不可。只有当内在美和外在美达到和谐统一时,才会表现出良好的气质美。懂美才能更好地培养美、塑造美,内外结合才能培养出平衡的美。形体美是人本质力量的直接展示,是人的躯干线条结合情感与品质,通过个人形象、身体姿态展现于彼此眼前的一种美。形体塑造训练是以肌肉健美练习和舞蹈协调练习为主要手段来改变体形的原始状态[12],练习内容的着重点并非在关注动作技术能力的提升,而是更注重对练习者形体、气质等方面的修塑[13]。它是我们获得创造美的重要途径,是人的自然形体经过后天塑造而获得的融外在美与内在美于一体的综合美。

2 形体运动训练方法

科学系统的身体练习是改善身体形态、塑造局部线条最根本的也是最有效的方法。形体是在先天遗传性因素与后天获得性因素的基础上表现出来的身体形态上相对稳定的特征（图2-1）。从一定意义上来说，先天的遗传起着决定性的作用，但是后天良好的生活条件和科学的运动训练，同样可以使人的形体变得完美有型。在充分考虑体育与医学的基础上，本书实践部分形体塑造练习动作的设计和组合编排主要围绕以下几点：

图2-1

（1）整体训练与局部练习的充分结合，以塑造身体局部线条之美作为基础点，全面打造健美体形和高雅气质。

（2）一般性练习与有针对性练习的充分结合，既考虑到没有运动基础的普通人群，又兼顾到有一定运动基础的人群和一些特殊人群的专门训练。

（3）循序渐进性训练与有效性训练的充分结合，每个训练环节的动作都是由简到繁、由浅入深、动静结合地来设计和编排，而运动训练量都是由小到大、强度由弱到强，让练习者逐渐适应系统训练，从而达到有效塑造完美形体的目标。

2.1 塑造完美身体形态

在好身材的塑造过程中，除了要控制饮食来保证身体热量的稳定，使摄入不超量以外，更要参与到系统的运动训练中。因为运动不仅可以让我们充满活力，

还可以让我们有效地控制体重,更加有利于我们的身体健康。在运动的过程中,如果我们的目的是塑造好的身材,那么在运动的选择上我们就不能只是跑步或者是做有氧运动,而更应该重视肌肉力量的练习。力量训练才是塑造体形的关键和有效手段。

(1)青少年可以通过锻炼肌肉的方式来刺激骨骼的增长,成年后则可以通过力量训练来有效地保护骨骼,预防骨质疏松。

(2)肌肉锻炼可以提高身体内的基础代谢,更有利于减脂与体重的保持。基础代谢会随着人的年龄、生活习惯和环境等客观因素的变化在一定程度上有所变化,而基础代谢又是热量消耗的主要途径,所以从可控的方法入手来有效提高基础代谢十分必要,而这个可控的手段之一就是肌肉力量训练。

(3)力量训练对于身体的塑形更有针对性。减脂是全身性的,但是塑形却是局部进行,可以通过对身体某部位的针对性训练来刺激这个部位的肌肉以实现最终塑形的目的。但我们在练习的过程中也不能不顾及整体而一味地去训练身体的某一个部位,可以想象一下,在全身纤细没有线条的情况下,即使有着结实的六块腹肌,身材也好看不到哪里去。所以,塑造完美身体形态还要从全身出发,然后再有针对性地关注局部。

(4)力量训练有助于保持人身体的肌肉总量,从而使我们年轻得更长久一些。随着年龄的增长,肌肉会逐渐流失,从而导致皮肤的松弛与下垂,而从外形来看,皮肤的松弛是衰老的明显标志之一。力量训练能让我们在保证肌肉不流失的前提下增加肌肉含量,从而改善皮肤松弛的问题。

(5)力量训练对于心脏的保护、日常情绪的调整、身体平衡性的改善等各个方面都起着相当积极的意义。

所以,正确认识和科学系统地掌握运动训练方法,才能够有效提升肌肉塑形的效果。在有目标地实施练习内容时须遵循热身准备—力量训练—整理活动三个训练环节,但往往人们在运动锻炼初期对肌肉练习比较上心,而容易忽略热身准备与肌肉整理活动。其实这两个训练部分在肌肉塑形实践练习中同样扮演着十分重要的角色,它们是训练活动的开始与结束。一个有效的热身准备活动,目的是使人体能够有准备地从相对安静的状态逐步过渡到运动状态,是让练习者的机体迅速达到准备就绪状态,能够起到预防伤病、提高血液循环和唤醒肌肉水平的目的;而重视肌肉的整理活动,是为了使肌体由运动时的紧张状态逐渐过渡到相对静止的状态,它的意义不亚于准备活动,并非可有可无。整理活动的量不用过大,动作安排应尽量使肌肉放松,练习内容着重于深呼吸运动和较和缓的全身性运动,通过呼吸与动作的配合让心跳逐渐恢复到平稳。整理牵拉活动能够防止肌肉力量练习后肌纤维形成疙瘩状态,也能够很好地缓解练习后肌肉的酸痛感和不适感,还能很有效地对肌肉线条进行梳理和塑形。

在运动训练过程中学会呼吸是肌肉力量塑形、肌肉疲劳恢复的重要手段之一,掌握正确的呼吸方法,对提高练习效果大有帮助。呼吸方法主要有两种:一种是自然呼吸,一种是有意识地呼吸。而有意识地呼吸又可以分为三种:一是发力时呼气,还原时吸气;二是发力时吸气,还原时呼气;三是发力前吸气,发力时闭气,过了黏滞点(在练习过程中,会出现动作中间停顿的现象)以后再呼气。例如:①轻重量训练或刚开始练习器械时,可采取放松时吸气、用力时呼气的呼吸方法,也就是说,肌肉伸展时吸气,收缩时呼气。②当一项训练内容练习到后面几组,肌肉产生疲劳时,肌肉用力过程就会比较艰难,这时不建议采用用力时呼气的方法,因为用力之初将空气呼出,在接下来的一段时间内身体会陷入缺氧的境地,此时采用用力时吸气、还原时呼气的方法,身体会感觉更舒服。③当进行大重量训练或参加力量比赛时,可以在动作前先深呼吸二三次,接着吸半口气再屏住气。当肌肉收缩到位后,做短促呼吸,同时做伸展还原动作,然后再调整呼吸。需要注意的是,屏气会引起胸膜腔内压升高,内脏器官有不适感,所以屏气的时间不要过长,屏气后要有意识地调整呼吸,以及时降低胸膜腔内压。这里要特别注意的是,没有一定运动基础的人群,塑形练习时不要采用第三种呼吸方法。

下面我们就针对不同肌肉部位的训练内容做详细介绍。

2.1.1 颈部塑形训练

匀称健美的颈部,可以增添美丽优雅,更能展现出自信优雅的气质感。颈部同人体的四肢一样,过粗或过细都不美。那么颈部优美的标准又是什么呢?那就是颈部的形态与肌肉线条在整体上体现出匀称感。颈部过粗,是脂肪与肌肉的比例不协调造成的。过粗的脖颈由于脂肪较多、皮肤松弛就会出现"双下巴",又或者颈部出现一条条深浅不一的横纹,导致颈部不美。颈部过细,会让人在整体视觉上产生身体不成比例的感觉,同时也容易导致颈椎病和颈部的劳损。

颈部上承脑袋下启躯干,是我们人体头脑和躯干的重要枢纽。如果这个枢纽出现了问题,不仅仅会阻碍血液的往来通行,严重的还会导致我们大脑缺失营养,时间久了,就会产生头脑混沌、思维不敏捷的情况。

所以,加强颈部形态训练既有助于提升颈部肌肉的灵活性和弹性,能有效去除多余的脂肪,增强颈部肌群的力量,拉紧颈部的皮肤,预防颈部肌肉组织的松弛与老化,又能加速局部的血液循环,使脑部血液供应流畅,并可以有效地预防和治疗颈椎病,矫正颈部的肌肉线条,塑造颈部形态的美。

颈部的生理结构及特点:颈椎骨骼较小,却负担着较大体积和重量的头颅,同时颈椎骨可进行伸屈、旋转及侧屈等较大幅度的运动,因而在力学上形成不稳定的骨骼结构,在生理状态下,它们借助颈椎坚强的骨骼和软组织才得以维持平衡。

参与头颈运动的主要有七块颈椎骨;主要肌肉有胸锁乳突肌、内侧及外侧肌群、夹肌等。肌群又可细分为颈浅肌、颈中肌和颈深肌,其功能为使头颈、舌骨、喉软骨和胸廓可活动。大部分颈肌起源于颈肌节的轴下部分,所以受颈神经前支支配;一小部分起源于腮弓肌结,受脑神经支配。颈肌的肌间结构形成了肌间三角和肌间隙。颈部肌间三角为:颈的后界为斜方肌,下界为锁骨和胸骨柄的上缘,上界为下颌底。半侧颈部由胸锁乳突肌划分为颈内侧三角肌和颈外侧三角肌。

1)颈部肌肉群的训练方法与注意要点

初期训练阶段,节奏需放缓放慢,动作完成一定要轻柔。

(1)热身准备

在开始练习之前始终要记得先调动颈部肌肉和韧带。

起始姿势:两脚与肩同宽站立,保持身体的挺拔,双手自然垂落在两腿处。

① 上下、左右摆头练习

a)上下摆头练习:按先下后上的顺序完成(图 2-2)。

方法:头慢慢地向下前轻点,下颌尽量靠近胸部;再缓缓向上仰头,直到喉部的肌肉绷紧。

要点:尽可能保持背部肌肉的伸展,后背挺直,充分感受颈部肌肉的拉伸。

图 2-2　　　　　　　　　　　　　图 2-3

b) 左右摆头练习：按先左后右的顺序完成（图 2-3）。

方法：头向左侧倒，耳朵尽可能去找左肩，同样方法完成右侧。

要点：在尽可能保持背部肌肉伸展、后背挺直的基础上，双肩充分下沉，向左侧倒头时，右肩要有意识地下压，充分拉伸活动右侧颈部肌肉；反之，向右侧倒头时，左肩要有意识地下压，充分拉伸活动左侧颈部肌肉。

② 旋转练习（图 2-4）

以颈部为中心，慢速旋转头部，完成动作。

方法：头向下前轻点—左侧倒—向上仰—右侧倒，依此顺序环绕，再反方向依此顺序环绕。

图 2-4

要点：尽可能保持背部肌肉的伸展，后背挺直，双肩稳定下沉。

配合节奏，组合完成如下动作。

第一组动作：上下、左右摆头练习8个八拍。

［1—2］1—4 低头、5—8 仰头，第2个八拍重复一次。

［3—4］1—4 左侧倒、5—8 右侧倒，第4个八拍重复一次。

［5］1—2 低头、3—4 还原，眼睛平视；5—6 仰头、7—8 还原，眼睛平视。

［6］1—2 左侧倒、3—4 还原，眼睛平视；5—6 右侧倒、7—8 还原，眼睛平视。

［7］第7个八拍重复一次［5］。

［8］第8个八拍重复一次［6］。

第二组动作：颈部旋转练习4个八拍。

［1］1—2 低头、3—4 左侧倒、5—6 仰头、7—8 右侧倒。

［2］第2个八拍重复一次［1］。

［3］1—2 低头、3—4 右侧倒、5—6 仰头、7—8 左侧倒。

［4］第2个八拍重复一次［3］。

(2) 肌肉力量练习

练习的过程中始终要记得呼吸与动作的配合。

① 单手侧压颈屈伸（图2-5）

起始姿势：右手按头右侧，左手叉在左侧腰间。这个动作坐着或者站立完成均可。

图 2-5

方法：按在头右侧的手用力把头向左侧推压，而颈部则用力顶住，不让手轻易压倒，对抗用力时要匀速缓慢，直至颈部完成倒在左侧。停顿数秒后，颈部再用力把头向上向右抬起，而右手则用力压住头部，不让其轻易还原，直至逐渐使头部完全竖直。如此反复多次，直到颈部感到酸胀。练完一侧，再换练另一侧。

要点：对抗练习时不要用过大过猛的力量，前几次用力要稍小些，再逐渐加大对抗力量，以避免颈部扭伤。切勿让颈部有任何旋转动作出现。完成动作过程中，后背始终保持挺立。

② 双手正压颈屈伸（图2-6）

起始姿势：双手十指交叉，按在脑后。

方法：双手用力压头部，使其向前下屈，颈部则用力挺住，不让头轻易下压，直至头被压到颈部触及锁骨柄。然后，颈部用力把头向上抬起，而两手则用力压住头部，不让其轻易抬起，直至逐渐抬到原位。如此反复多次，直到颈部感到酸胀。

图 2-6

要点：头部前屈伸时，身体保持直立状态，不要前俯后仰，注意不要用过大过猛的抗力，前几次用力要小些，再逐渐加大，以避免颈部扭伤。切勿让颈部有任何旋转，只是屈伸。

③ 俯卧上抬头—侧卧式颈屈—仰卧上颈屈（循环练习）

a）俯卧上抬头起始姿势：俯卧于地垫上，双手背于身后，头部放松在地垫上。

方法：颈部用力把头慢慢上抬，就像向上仰望，尽可能抬到最高点，保持5

秒，颈部再慢慢地放松，让头部徐徐回到起始姿势。如此反复5次，侧转，换到下一个动作（图2-7）。

图 2-7

b) 侧卧式颈屈起始姿势：侧躺在地垫上，用肩膀作为支撑点，头部缓缓地落于垫上。

方法：颈部用力把头慢慢向上侧抬，保持正侧方向，尽可能抬到最高点，肌肉收缩5秒，颈部再慢慢地放松，让头部缓慢回到起始姿势。如此反复5次，转换到下一个动作（图2-8）。

图 2-8

c) 仰卧上颈屈起始姿势：面部朝上平躺在地垫上，双手侧放在身体两边。

方法：头部和颈部抬起并向前，尽量往双脚的方向去看，保持5秒，颈部再慢慢地放松，让头部徐徐回到起始姿势。如此反复5次，再转换到侧卧式颈屈的另一侧练习5次（图2-9）。

图 2-9

要点：颈部循环练习时，注意每一个动作完成角度的准确性，控制好动作的节奏，可以在运动过程中闭上双眼，充分体会颈部屈伸肌肉收缩的感觉，注意保持自然的呼吸。

2 形体运动训练方法

(3) 肌肉整理活动

练习过程中一定要集中注意力在拉伸的区域上,充分体会每一个整理动作中肌肉的延伸性,缓慢地拉伸肌肉直至快要感到疼痛,保持拉伸动作做短暂的停顿,组与组练习之间休息 20~30 秒。

① 斜方肌的拉伸(图 2-10)

用手牵引头部试图将耳朵移向肩膀,另一侧手后置于背部或将肩部放低以加大强度,动作完成过程中充分体会肌肉的紧绷感。初级重复 2 次,每次 20 秒;中级重复 3 次,每次 30 秒;高级重复 4 次,每次 35 秒。

图 2-10

图 2-11

② 肩胛提肌的拉伸(图 2-11)

转动脖子至少 45°,放低下巴,试着用下巴触及胸部。这个动作完成时一定要自主加强肩部下沉的力度或者双手交叉放置身后,在肌肉拉伸中充分体会肌肉的张力,拉伸一侧后再拉伸另外一侧。初级重复 2 次,每次 20 秒;中级重复 3 次,每次 25 秒;高级重复 4 次,每次 30 秒。

③ 胸锁乳突肌的拉伸(图 2-12)

双脚与肩同宽站立,双手手臂放置于身后,右手臂放松,左手拉住右手手腕处,向左侧拉伸,头同时向左侧方向侧屈。拉伸结束换另一侧完成。

图 2-12

初级重复 2 次,每次 15 秒;中级重复 3 次,每次 20 秒;高级重复 4 次,每次

30秒。

④ 头夹肌和颈夹肌的拉伸（图2-13）

双手交叉放置脑后，后背保持挺立状态，微低下巴，慢慢收紧两手的肘关节，保持一定时间后再将头部移向右边，尽可能地用下巴去找右侧锁骨，双手保持一定压力；随后保持低头状态，再慢慢向左侧进行移动，尽可能地用下巴去找左侧锁骨。初级重复2次，每次15秒；中级重复3次，每次20秒；高级重复5次，每次30秒。

图2-13

颈部肌肉塑形练习的过程中，根据自身的运动基础，选择合适的训练内容。没有运动基础的人群，在完成热身活动后，肌肉就已经有了一定疲劳感和酸痛感，这时可以直接进入肌肉整理练习；有一定运动基础的人群，可以按照以上练习环节进行塑形训练，运动量由小到大进行。

2）矫正不美颈部的练习方法和注意要点

每一次进行矫正练习动作，都必须先进行以上的热身准备，把肌肉力量练习调整为针对性训练，动作完成后还需进行肌肉整理活动。

(1) 颈短现象

颈短现象具体表现为颈部长短与全身的比例不协调。

方法：双脚与肩同宽站立，颈部有意识地向下缩至最短，感觉用双肩尽量去找双耳，然后再快速下沉双肩，感觉充分拉长脖子让双耳最大限度地远离双肩，后背始终保持直立的状态。在完成矫正动作时，最好设置一个目标物，在双肩下沉时，让自己的头顶去有意识地顶碰目标物。

次数：缩伸为一次，每天反复完成60次，早晚各30次。

要点：站立时身体必须始终保持挺拔状态，双眼平视前方，后脑与脚跟呈一条直线，呼吸配合纠正动作的完成，吸气时缩肩，呼气时快速沉肩。

(2) 颈前移现象

由于长时间使用电脑、观看电视或不正确的睡姿，后脑与脚跟不在一条直线上，不正确的头前移姿势会导致慢性疼痛，如手臂和手部麻木、呼吸不通畅甚至神经紧张等状态。

方法：双脚宽度齐肩站立，后背靠墙，将臀部压在墙上，并确保肩胛骨接触墙壁（这比让肩膀的顶部接触墙壁更重要），稍微挤压肩胛骨，以使它们处于更自然的位置并与墙壁对齐，这有时也被称为"打开你的胸部"。当站到位时，要注意头部位置，颈部往后平移并拉直，目视前方，注意后脑是否接触墙壁。

时长：从坚持30秒开始练习，慢慢增加站立保持的时间，连续做5组。

要点：颈部一定要平移，体会触碰墙壁的感觉，不能够做低头或抬头动作。

(3) 颈部侧弯现象

由于颈部两侧肌肉用力不均，身体自然站立时颈弯向一侧。

方法：以右侧弯为例，双脚与肩同宽站立，先踮起脚尖，立起脚后跟，躯干拉直，脖子伸长，下巴往上抬。用自己的力量把后背整个肌肉线条拉直，相当于把脊柱拉直，做自我牵引动作，放松还原到站立姿势。再强迫颈部向左侧弯，坚持数秒后还原姿势。

时长：从牵引动作保持15秒、侧弯动作保持15秒开始，慢慢增加动作保持的时间，连续做5组。

要点：可以面对镜子完成这组动作，找准身体的垂直度。

2.1.2　肩部塑形训练

肩部对于身材的匀称感起着举足轻重的作用，直接影响着一个人的身材美感，拥有一个宽阔饱满有型的肩部，是成为"行走的衣架子"的关键。平时我们会发现，卖衣服的商家都会摆放一些人体模型，用来展示衣服穿起来是多么的美观、大方。许多人看到模型穿着好看，就认为自己穿着也那么好看，但试穿后又会觉得并不是那回事。这种情况我们俗称身材架不起衣服。衣服也是挑人的，身材不好的人就不能发挥衣服真正的美感。男性拥有宽阔笔直雄壮的肩部，可以让其显得更有力有型；女性拥有宽阔饱满的肩部，可以让自己的身材更显纤细有型，会显得腰部比较性感娇细。一副球形肩膀可以随时随地地完美撑起任何衣服，使人在生活中更加自信，显得人格外有精神、有朝气。肩部的塑形训练完全可以改善肩部形态，使肩部变得更美，同时还可以矫正溜肩、塌肩、扛肩、两肩不平等不良身体形态，更能有效防治肩周炎。

肩部的生理结构及特点：肩部运动也就是肩关节运动。肩关节是上肢与躯干连接的部分，包括臂上部、腋窝、胸前区及肩胛骨所在的背部区域等身体很大的一部分。肩关节由肩胛骨的关节盂和肱骨的肱骨头构成，属球窝关节，是上肢最大、最灵活的关节，但也是稳定性最差的关节。

参与肩关节活动的肌肉主要为肩部肌肉，肩关节活动必须在上臂肌肉协助下进行，参与肩关节运动的骨骼肌有很多（肩肌、臂肌、胸肌和背肌等），具体来说主要有：三角肌（三个束）、冈上肌、冈下肌、大圆肌、小圆肌、肩胛下肌、菱形肌、斜方肌、棘上肌、背阔肌等。其中，肩部的三角肌是肩关节运动中最强而有力的肌肉，也是最能突显肩部形态美的典型肌肉。肩部运动动作主要有：耸肩、绕肩、甩肩、前后移动肩等。

1）肩部肌肉群的训练方法与注意要点

锁骨的长度通常决定了肩膀的大致宽度，一个人无法通过努力在成年后改变身高，但是可以通过系统的塑形锻炼增加三角肌的体积和厚度，从而增加肩部的宽度。肩部三角肌属于单关节肌肉，其功能是帮助手臂朝向各个方向运动。这块肌肉通常分为三部分，即三角肌的前、中、后束。下面分别对不同的肩部肌肉进行针对性练习。

（1）**热身准备**

在开始练习之前始终要记得先调动肩部的肌肉和韧带。

起始姿势：两脚与肩同宽站立，保持身体的挺拔，双手自然垂落在两腿处。

① 耸肩练习（图 2-14）

方法：左肩尽量向上抬起至最高点，快速沉肩还原，右肩用同样方法完成，再双肩同时耸起，快速沉肩还原。

要点：练习耸肩动作时要注意保持后背直立；完成单肩动作时，一定要只有一个肩膀运动，另一个肩膀保持下沉静止的状态。

图 2-14

② 移肩练习（图 2-15）

方法：左肩向前平移的同时右肩向后平移，反之，右肩向前平移的同时左肩向后平移。

要点：最大限度地进行肩部的平移。

③ 前绕肩练习（图 2-16）

方法：左肩以由前至上到后再还原的运动轨迹进行练习，右肩用同样方法完成，再双肩同时由前至上到后再还原。

要点：最大限度地沿运动轨迹进行肩部环绕。

图 2-15

左肩由前到后绕肩

右肩由前到后绕肩

双肩由前到后绕肩

图 2-16

④ 后绕肩练习（图 2-17）

方法：左肩以由后至上到前再还原的运动轨迹进行练习，右肩用同样方法完成，再双肩同时由后至上到前再还原。

要点：最大限度地沿运动轨迹进行肩部环绕。

2 形体运动训练方法

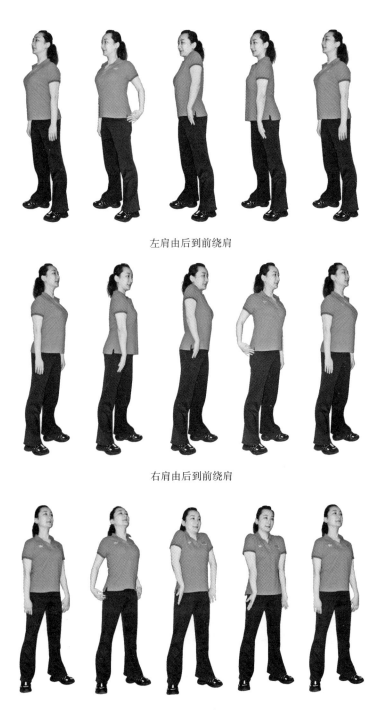

左肩由后到前绕肩

右肩由后到前绕肩

双肩由后到前绕肩

图 2-17

配合节奏，组合完成以下动作。

第一组动作：耸肩练习8个八拍。

[1—2] 1—4 左耸肩、5—8 还原，第2个八拍重复一次 [1]。

[3—4] 1—4 右耸肩、5—8 还原，第4个八拍重复一次 [2]。

[5] 1—2 左耸肩、3—4 右耸肩、5—6 左肩还原、7—8 右肩还原。

[6] 1—2 左耸肩、3—4 右耸肩、5—6 左肩还原、7—8 右肩还原。

[7] 1—2 双肩耸起、3—4 还原、5—6 双肩耸起、7—8 还原。

[8] 第8个八拍重复一次 [5]。

第二组动作：移肩＋绕肩练习8个八拍。

[1—2] 1—4 双肩前平移、5—8 双肩后平移，第2个八拍重复一次。

[3] 1—4 左前绕肩、5—8 右前绕肩。

[4] 1—4 左后绕肩、5—8 右后绕肩。

[5] 1—4 左肩前移右肩后移、5—8 右肩前移左肩后移。

[6] 第6个八拍重复一次 [5]。

[7] 1—4 双肩向前环绕、5—8 重复1次。

[8] 1—4 双肩向后环绕、5—8 重复1次。

⑤ 负重大环绕练习

方法：通过轻负重为接下来的肌肉力量练习做充分准备，完全激活肩部肌肉，提升肩关节灵活性。双手交叉相握，或者手握矿泉水瓶、书本，顺时针从肩正前方大环绕至左耳处至脑后至右耳处再还原。顺时针环绕8次，逆时针环绕8次。

要点：保持腰椎躯干的稳定，通过增加肩关节的活动范围逐渐增加环绕幅度，手臂也逐渐伸直。

(2) 肌肉力量练习

练习过程中始终要记得呼吸与动作的配合。在日常练习中，在没有哑铃器械的情况下，可以使用装满水的瓶子来代替哑铃训练或者使用弹力带。

① 三角肌前束训练——前平举（图2-18）

起始姿势：两脚与肩同宽站立，保持身体的挺拔，两手持哑铃垂于腿前。

方法：肩部发力将手握的哑铃双手平举，手掌面向地面，平举至与地面平行时，稍作停顿，充分感受肩部肌肉的收缩，然后再用肩部的力量有控制地慢慢放下还原，也可以左右手交替进行练习。

图 2-18

要点：手握哑铃的重量根据练习者有无运动基础来决定，练习者要选择可以控制的重量，使用的重量要保持恒定。练习时不能晃动身体，要始终保持身体的稳定性，手臂还原时需要有控制地完成，双手肘不能完全伸直。在进行左右交替平举练习时，一定要注意动作感觉和速度规律，不能忽快忽慢，要始终保持一个速度。不能因为左右手力量的差距，而让左右手完成的速度不一样。

次数：动态练习时，初级每组 10～15 次，中级每组 15～30 次，高级适当增加哑铃重量。组数 3～5 组。

静态练习时，初级平举 2～5 次＋平举静控 15～30 秒，中级平举 5～8 次＋平举静控 1～2 分钟，高级适当增加哑铃重量。组数 3 组。

② 三角肌中束训练——侧平举（图 2-19）

起始姿势：两脚与肩同宽站立，保持身体的挺拔，两手持哑铃垂于腿侧。

方法：身体稍前倾，双肘微屈，向两侧同时举起哑铃至肩高，使三角肌处于"顶峰收缩"位，稍停，然后肩肌控制缓慢还原。也可单臂做，两臂轮换完成。单臂侧平举动作还可以使用弹力带进行练习，左脚踩住弹力带的一端，右手进行侧平举练习，练习数次后转换另一边完成。

要点：手握哑铃的重量根据练习者有无运动基础来决定，练习者要选择可以控

图 2-19

制的重量,使用的重量要保持恒定。练习时千万不能耸肩完成侧平举动作,错误的训练动作可能会损伤颈部肌肉。因此,器械重量的选择很重要。如果双肩发力时已经开始使用髋部发力代偿了,那么说明哑铃重量不适合你现在的力量水平,应换一个轻一点的哑铃再进行练习。要始终保持身体的稳定性,不能乱晃,手臂还原时需要有控制地完成,肘部的位置不能低于手持哑铃的位置。

次数:动态练习时,初级每组 10~15 次,中级每组 15~30 次,高级适当增加哑铃重量。组数 3~5 组。

静态练习时,初级平举 2~5 次+平举静控 15~30 秒,中级平举 5~8 次+平举静控 1~2 分钟,高级适当增加哑铃重量。组数 3 组。

③ 三角肌后束训练——俯身侧平举(图 2-20)

起始姿势:手持哑铃,掌心相对,俯身微屈膝,身体与地面呈现的夹角最好保持在45°左右。

方法：两臂向两侧提拉，让哑铃稍微高于肩膀，略停顿，再慢慢地有控制地还原。

图 2-20

要点：俯身时收腹挺胸，保持腰背的挺直，正确的身体姿势有助于提高哑铃对肌肉练习的刺激；提拉时手臂保持自然弯曲状态；完成整套动作时要始终保持身体的稳定性。

次数：初级每组 10～15 次、中级每组 15～30 次，高级适当增加哑铃重量。组数 3～5 组。

④ 棘下肌＋大圆肌训练——侧躺外侧旋转（图 2-21）

起始姿势：侧躺在地垫上，用上手锤握方式抓住哑铃，手向上，和肘部成直角，放在身体的一侧。

方法：向上抬起手臂大约呈 80°的弧线，在前臂与地面垂直或微微超出的时候

图 2-21

向下还原。

要点：在动作完成过程中，所有的关节都要保持相同的角度，肘部角度始终保持大于90°。哑铃不要选择太重（手臂向外旋转时要比向内旋转缺乏力量）。运动速度一定要有控制地进行，感受肘部与身体分离的用力，力量练习的关注点集中在肘与肩部。

次数：初级每组10～15次，中级每组15～25次，高级适当增加哑铃重量。组数3～5组。

⑤ 肩胛下肌＋胸大肌训练——内躺外侧旋转（图2-22）

起始姿势：侧躺在地垫上，上手叉腰保持身体的稳定，用下手锤握方式抓住哑铃，手掌心向上，肘关节微屈，小臂垂直于身体。

方法：保持起始动作关节的角度，向上旋转手臂大约呈80°的弧线，在前臂与地面垂直或微微超出的时候降低哑铃。

图2-22

要点：在动作完成过程中，所有的关节都要保持相同的角度，肘部角度始终保持在90°左右。哑铃不要选择太重。运动速度不要太快。

次数：初级每组10～15次，中级每组15～30次，高级适当增加哑铃重量。组数3～5组。

⑥ 斜方肌训练——哑铃耸肩（图2-23）

起始姿势：双脚微微分开站立，身体站直站稳，手握哑铃放在身体两侧。

方法：尽可能提升肩膀高度，在最高点的时候略停顿几秒钟，再慢慢还原到站立姿势。

要点：用力耸肩时不要旋转肩膀，不要弯曲肩膀来帮助提升哑铃，哑铃重量的选择要适中，不要过轻或过重。

次数：初级每组15～20次，中级每组20～30次，高级适当增加哑铃重量。组数 3~5 组。

（3）肌肉整理活动

练习过程中一定要集中注意力在拉伸的区域上，充分体会每一个整理动作中肌肉的延伸性，缓慢地拉伸肌肉直至快要感到疼痛，保持拉伸姿势停顿 10~20 秒，组与组练习之间休息 20~30 秒。

图 2-23　　　　　　　　　　图 2-24

① 三角肌后部、冈下肌、大小圆肌的肌肉拉伸（图 2-24）

双脚与肩同宽站立，右手抬高手臂，前屈肩关节，左手扶住右臂的肘关节处，向身体的方向推动，让右臂尽可能地贴紧胸部。反之，左手臂重复此拉伸动作。

不当的日常身体姿势易产生肩部的紧绷感，而力量训练后肌肉产生的乳酸堆积会引起肩部肌肉的酸痛感。肩部的不适感常常还会伴随着颈伸肌的不适。当两个肌群都紧绷疲劳时，会增加发展成秃鹰脖子的概率并会导致呼吸问题；肩部撞击、肩部滑囊炎、肩袖肌腱炎或冰冻肩等，也可能导致肩屈肌的紧绷。肌肉的伸展都会伴有一定的疼痛感，练习过程中一定要注意力量的控制、动作施压的缓慢。

② 胸大肌、三角肌前束、三角肌中束的肌肉拉伸（图 2-25）

双脚与肩同宽站立，足尖朝前，左臂放在背后，肘部弯曲约 90°，根据自身的柔韧性，用右手抓住左肘、前臂或手腕，将左上臂穿过背部而朝右肩牵拉。反之，另一只手臂重复此拉伸动作。

此拉伸对克服姿势不当所导致的秃鹰脖子或圆肩、驼背等很有用。它还有助于减轻肩部撞击、肩部滑囊炎、肩袖肌腱炎和冰冻肩等导致的疼痛。此方法的完成会较为困难,最好在完成练习①动作后,再开始进行此动作。

在完成动作时如果无法抓住肘部,也可抓住手腕。牵拉手腕时,很容易将手臂拉向背部的另一侧,但只有既向上拉又向另一侧拉的效果才是最佳的。另外还要将手肘固定在接近90°的角上,改变与背部的角度也会影响拉伸的幅度。如果无法保持背部挺直,宁可弓背也不要弯腰。

图 2-25　　　　　　　　　　　　图 2-26

③ 胸大肌、三角肌前束、喙肱肌、肱二头肌的肌肉拉伸（图 2-26）

面朝门口（或两侧支撑物）站立,双脚与肩同宽。伸直双臂,将手臂抬高到高于水平线的位置,将手掌放在门框上或支撑物上,尽可能地让整个身体向前倾斜。

此方法属于高级肩屈肌拉伸动作,要想在拉伸运动中获得最大的效果,应保持手肘锁定和脊柱打直。前倾幅度越大,拉伸效果越好。大幅度前倾时最好以弓步的姿势进行站立,两脚之间的距离决定了前倾的角度,这样才能更好地保持身体的平衡。此拉伸方法还可以将双臂抬升到高过头部,将手掌放在门框上沿,让整个身体充分向前倾斜。

④ 外旋肌群、内旋肌群、背阔肌、肱三头肌的肌肉拉伸（图 2-27）

双脚与肩同宽站立,右手从肩上,左手从肩下,伸向身体背后,尽量让两手接触并做到手指相握,保持15秒后,再换另一侧完成。

这个动作的伸展对于肩关节的灵活性提出了比较高的要求，如果刚开始练习时无法两手相握，可以借助辅助工具，帮助两手慢慢靠近，也可以让同伴帮助，同伴站在拉伸者的背后，轻轻帮助推动双肘，使其两手相握。在每次重复动作时，必须交换双手的位置，让双手不同区域的受力得到平衡。

图 2-27　　　　　　　　　　　　　　图 2-28

⑤ 三角肌后束、菱形肌、冈下肌、大小圆肌的肌肉拉伸（图 2-28）

跪姿在地垫上，俯下身体，用左手支撑身体，右手臂从身下伸向另一侧，让右肩后侧得到充分伸展。这个拉伸动作可以很好地预防肩部的肌肉痉挛，同时也可以有效缓解已经出现的肌肉痉挛现象。

2）矫正不美肩部的练习方法和注意要点

每一次进行矫正动作练习，都必须先进行以上的热身活动内容，把肌肉力量的练习调整为针对性训练，动作完成后还需进行肌肉整理活动。

（1）溜肩现象

溜肩现象表现为肩部肌肉不饱满，最明显的特征是肩膀的宽度窄于髋部的宽度，身体形态呈正三角形。

方法：主要是加强三角肌的训练，可以参考以上肌肉力量训练中三角肌前束、中束和后束的练习内容。

要点：面对镜子，仔细观察练习动作，根据自身情况，选择适中的哑铃重量进

行塑形训练。

(2) 扛肩现象

扛肩现象表现为一肩或双肩总是无意识地耸起。

方法：面对镜子，小八字步站立，两手在身侧，手持重物，两肩充分下沉。呼气时肩部加深下沉的幅度，屏气略停顿数秒，吸气时肩部肌肉放松还原。

时长：连续完成15～20次。

要点：始终保持身体的挺立。如果身体形态表现为单肩扛肩，那么先做扛肩的那一个肩膀，再双肩同时完成。

(3) 两肩不平现象

两肩不平现象表现为双肩高低不平，大多伴有脊柱侧弯的现象。

方法：利用把杆或固定物进行塑形练习，肩膀相对较高的一侧靠近固定物，内侧手抓住把杆，外侧手臂上举，身体尽可能地向外侧延伸，坚持数秒。

时长：保持外侧手臂延伸动作10～20秒，重复3～5次。

要点：脚靠近把杆，身体保持直立，外侧手臂延伸时不要旋转身体，上举的手臂充分伸展，尽量向把杆的方向靠近。

2.1.3 手臂塑形训练

人们大都会对体重有要求，对身材的比例有要求，尤其是对腿部和腹部的形态更加注重，会因为脂肪过多而烦恼。但往往人们会忽略两条手臂的塑形，很多看起来不胖的人，也会有手臂"拜拜肉"的现象。手臂缺乏运动的人，手臂只要抬起来，就会像蝴蝶袖一样抖动，显得非常松弛，肌肉线条软塌塌不紧实，而"拜拜肉"只有长袖可以遮住，短袖、吊带衫只会让手臂上的赘肉完全显露。人们在社会交往中，语言交流表达的同时总会伴有手势的配合，匀称有型的手臂会带给人一种心理上的自信。男生多追求一双麒麟臂，使自己的男性力量展露无遗；而女生则多希望拥有一双纤纤玉臂。

在日常生活中，手臂的运动量是比较少的，虽然我们每天都在活动，但是手指到手肘之间的运动量比较大，而上臂基本没有动过。运动量少的人肌肉容易流失，身上的肥肉多于肌肉，而脂肪更喜欢囤积在肌肉少的部位。手臂的动作练习不是很难，不必花费很多的体力，但练习一定要有韧性并且要能够做到持续，这样才能有效获得理想的手臂肌肉线条。

手臂的生理结构及特点：手臂又被称为上肢，参与上肢运动的骨骼有肱骨、尺骨、桡骨、腕骨和掌指骨。上肢肌肉包括肩带肌、上臂肌、前臂肌和手肌。肩带肌，具体内容在肩部塑形中已经有详细介绍。上臂肌包绕肱骨周围，分前群、后群，其中前群（屈肌群）包含：肱二头肌、肱肌和喙肱肌；后群（伸肌群）为肱三头肌、肘肌。前臂肌位于尺骨、桡骨的周围，多为具有长腱的长肌，可分为前、后两群，每群又分为浅、深两层。前群肌位于前臂前面及内侧，主要有屈腕、屈指和使前臂内旋的功能；后群肌位于前臂后面与外侧，主要有伸腕、伸指和使前臂外旋的功能。手肌位于手的掌侧面，都是一些短小的肌肉，又可分为外侧群、内侧群和中间群。

1）上肢肌肉群的训练方法与注意要点

（1）热身准备

重视练习前的热身活动，充分调动上肢肌肉群，并进行简单的韧带牵拉活动。

起始姿势：两脚与肩同宽站立，始终保持身体的挺拔，双手自然下垂。

① 手关节练习（图2-29）

图2-29

方法：手臂伸直于身体前方，臂与肩同宽，手臂与身体垂直。五指尽最大努力张开，停顿数秒，再双手紧握，反复完成数次。双手握拳，往外旋绕数次，再往内旋绕数次，完成后还原到站立姿势。

要点：手关节预热练习时，要把全部注意力放在手腕上，其余身体部位保持稳定。握紧拳头和分开五指都要尽最大力量完成。

② 水平转臂练习（图 2-30）

方法：挺胸吸气，呼气时水平侧方向张开双臂，与肩同高，双手手心向上。除大拇指外，其余手指握紧，大拇指水平转动，反复完成数次后，还原站姿。

要点：手臂保持伸直，四指紧紧握成拳，大拇指转动幅度尽可能接近 360°，充分激活手臂肌肉。

图 2-30

③ 手臂屈伸练习（图 2-31）

图 2-31

方法：挺胸吸气，呼气时水平侧方向张开双臂，与肩同高，双手手心向上，五指并拢。保持大臂水平不动，向内弯曲小臂，手指尖轻触双肩，停顿数秒再双手向上延伸，夹住双耳，双臂垂直于地面，停顿数秒再双手回屈，指尖轻触双肩，停顿数秒伸展回双手侧平举，反复完成数次后，还原成站姿。

要点：保持身体的挺拔；手臂始终保持水平，不能向身体正前方内收；每一次屈伸练习，尽可能做到最大幅度。

④ 勾掌练习（图2-32）

方法：挺胸吸气，呼气时水平侧方向张开双臂，与肩同高，双手手心向下，五指并拢。左手掌下压（左掌心向自己）的同时右手掌上抬（右掌心向外），左右手掌同时交替完成数次，再还原站姿。

要点：动作完成过程一定要保持手臂肘关节的延伸，不能弯曲。

图2-32

⑤ 肘关节旋绕练习（图 2-33）

方法：挺胸吸气，呼气时水平侧方向张开双臂，与肩同高，双手紧握成拳。大臂保持水平不动，小臂从上往下做向内绕圈运动，反复数次后，再从下往上做向外绕圈运动，反复数次后，还原站立姿势。

要点：最大幅度进行小臂绕圈运动，大臂始终保持水平的稳定性。

配合节奏，组合完成以下动作。

第一组动作：手关节，练习 8 个八拍。

[1—2] 1—4 分掌、5—8 握拳，第 2 个八拍重复一次。

[3—4] 快速分掌、握拳，1 拍完成这两个动作，反复 2 个八拍。

[5—6] 重复 [1] 和 [2]。

[7—8] 重复 [3] 和 [4]。

从上往下做向内绕圈

从下往上做向外绕圈

图 2-33

第二组动作：水平转臂 + 手臂屈伸，练习 8 个八拍。

[1] 1—4 大拇指内转动、5—8 大拇指外转动。

[2] 重复动作 [1]。

[3] 1—2 屈臂至两肩、3—4 垂直伸直双臂、5—6 回屈至两肩、7—8 水平伸直双臂。

[4] 重复动作 [3]。

[5—8] 重复动作 [1] ～ [4]。

第三组动作：勾掌 + 肘关节旋绕，练习 8 个八拍。

[1] 1—4 左压右抬、5—8 右压左抬。

[2] 重复动作 [1]。

[3] 2拍一次肘关节向内绕圈，共完成4次。

[4] 2拍一次肘关节向外绕圈，共完成4次。

[5] 1—2左压右抬、3—4右压左抬，反复一次。

[6] 重复动作[5]。

[7—8] 重复动作[3]和[4]。

(2) 肌肉力量练习

练习的过程中始终要记得呼吸与动作的配合。日常练习中，在没有哑铃器械的情况下，可以使用装满水的瓶子或弹力带来代替哑铃训练。

① 肱二头肌群的训练

肱二头肌的主要作用是协助身体进行弯举，那么锻炼肱二头肌的最好办法便是进行各种弯举动作的练习。

a) 双臂弯举（图2-34）

起始姿势：双脚与肩同宽站立，或者采用坐姿，重要的是保持腰背的挺直，双手中握（手掌相对）哑铃放在身体两侧。

图2-34

方法：肱二头肌发力，缓慢地将哑铃举起，同时转动手朝后（旋后），这样在手达到最高点时手掌朝向肩部，使动作对肱二头肌的刺激达到最大，再有控制地慢慢转动前臂回到中握位置，重复动作数次。

要点：保持身体的稳定性，不要随着手臂弯曲动作而晃动身体。在这个过程中，呼吸均匀是最为重要的，不管是在练习过程中还是在结束时都需要让呼吸配合动作有节奏地完成，才能更好地达到效果。根据自身的运动基础选择合适重量的哑铃进行练习，若手臂弯曲无法保持身体的稳定性，说明该重量已经超出了练习者肱二头肌的能力，需要减小重量。

次数：初级每组10～15次，中级每组15～20次，高级适当增加哑铃重量。组数3～5组。

这个动作对于新手来说也是能够正常练习的，因为它的难度并不是很大。

b) 单臂弯举（图2-35）

起始姿势：这个动作需要坐在凳子上，向前弯曲身体（拔背），双脚放平，间距保持略宽于肩膀，将右手放在膝盖处作为支撑。左手用反握（手掌向上）抓住哑铃，让肘部（肱三头肌的下部）抵在大腿的内侧固定住。

方法：慢慢向胸部提升哑铃，配合呼吸，再有控制地慢慢让手臂回到原处，重复动作数次，左右手交替进行练习。

要点：运动过程中严格保持此姿势，不能移动腿或身体来获得举起哑铃的动力；不能将肘部放在大腿顶端（必须是内侧）来增加杠杆的作用力。

次数：初级每组8～10次，中级每组10～20次，高级适当增加哑铃重量。组数3～5组。

图 2-35　　　　　　　　　　　图 2-36

c) 反手引体向上（图2-36）

起始姿势：挂在水平杠上，使用反手握（手掌朝向头）握住杠，两手间距微微超过肩宽，让腿垂直悬挂或交叉。

方法：用双手将身体拉起，当下巴超过水平杠时再缓慢放下，循环这个动作。

要点：当挂在杠上时，整个人不要放松，因为这会给肱二头肌底腱带来不必要的压力。反手引体向上这种方法在初期练习时会比较困难，不适用于初学者，但有一定运动基础的人进行规范的训练，却是能快速提升练习效果的最好办法。

次数：初级每组2～5个、中级每组6～10个、高级每组10～20个，组数2～3组。

② 肱三头肌群的训练

a) 双臂过头颈后臂屈伸（图2-37）

起始姿势：站立或者坐在长凳（没有靠背的凳子）上，收紧腹部肌肉以保持身体的稳定性，双手握住哑铃，将肘部伸至完全伸展，双手位于头顶上方。

方法：在不放松肘关节的基础上，向头颈后方缓慢下降，直至哑铃到达头后部，再缓慢伸直肘关节直至起始姿势。

图2-37

要点：保持背部的直立，肘部始终夹紧双耳侧，练习过程中不能移动肘关节来获得动力，如果练习过程中肘关节控制不住地移动，那么说明手中的重量超出了现有的肌肉能力，应及时调整重量再进行训练，大臂尽可能垂直于地面。

次数：初级每组15～20个，中级每组20～25个，高级适当增加哑铃重量。组数3～5组。

b) 俯身臂屈伸（图 2-38）

起始姿势：俯身在平凳上，用左单手和左膝盖支撑自己的身体，背部挺直，腹部收紧，下颚微收。右手抓握哑铃，右腿在斜后方支撑住身体，脚跟踩实地面。身体始终保持在一条直线上。

方法：右手肘部弯曲约 90°，大臂紧靠身体右外侧，小臂向后上方举起哑铃直至肘关节延伸到水平，再缓慢有控制地还原到肘部弯曲 90°位置，反复数次，再换左手按同样要求完成。

图 2-38

要点：身体保持与地面的平行，运动过程中肘部弯曲的角度不能超过 90°，肘部伸展尽量做到完全打开，保持跪姿的稳定性，大臂始终保持固定，不要用摇晃哑铃来获得动力。

次数：初级每组 10~15 个，中级每组 15~25 个，高级适当增加哑铃重量。组数 3~5 组。初学者注意一定要保持身体的姿态，用较轻的哑铃重量和规范的技术动作来完成练习。

c) 夹肘俯卧撑（图 2-39）

起始姿势：面部朝下，双手支撑在地面，双脚并拢，支撑手之间的距离与肩部同宽。

方法：大臂夹紧身体，向后方弯曲肘部，直至身体与地面平行，再拉起身体回到起始姿势。

要点：不要弯曲身体各个部位，保持身体的紧张度，收紧腹部和臀部，双肘在完成动作过程中不要外展，要始终靠近身体外侧。动作的速度不要太快，匀速

图 2-39

完成。

次数：初级每组 5~10 个，中级每组 10~20 个，高级在肩部上方适当增加一定压力。组数 2~3 组。

③ 前臂肌群的训练

a）哑铃正握腕弯举（图 2-40）

起始姿势：双脚与肩同宽站立，躯干、肩部和手腕都要保持稳定。用上手抓握的姿势抓住身前的哑铃（手掌面向身体），手腕间的距离大约同肩宽。

方法：肘部弯曲，手掌朝下，向上举起哑铃的时候要注意控制，角度可以略微小些，让上举运动变得更容易，同时也增加了向下运动的距离。

图 2-40

要点：不要晃动身体来帮助上举运动，肘关节要固定在身侧，不要向后移动手肘来缩短运动距离。

次数：初级每组 8~10 个，中级每组 10~20 个，高级适当增加哑铃重量。组数2～3组。

b）坐姿哑铃多方向腕弯曲（图2-41）

起始姿势：坐在凳子上，身体保持稳定，前臂水平放在大腿上，手腕在膝盖的末端，双手正握哑铃（手掌向下）、侧握哑铃（手掌相对）、反握哑铃（手掌向上）均可。

手掌向下正握哑铃，向上伸展手腕

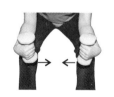

手掌相对侧握哑铃，向内弯曲手腕

手掌向上反握哑铃，向上卷腕

图2-41

方法：双手正握哑铃（手掌向下）时向上伸展手腕，弯曲角度在70°～80°；双手侧握哑铃（手掌相对）时向内弯曲手腕，卷腕角度在75°～80°；反握哑铃（手掌向上）时向上卷腕，角度在75°～80°。然后再慢慢有控制地回到起始姿势。

要点：小臂固定在大腿上，肘部保持稳定，哑铃重量合适，不能用肘部弯曲来辅助提升哑铃，运动过程匀速、有控制。

次数：初级每组10～20个，中级每组20～30个，高级适当增加哑铃重量。组数2～3组。也可以由三种不同方向的练习组合完成，每个方向初级每组5～10个，中级每组10～12个，高级适当增加哑铃重量。

（3）肌肉整理活动

牵拉过程中一定要集中注意力在拉伸的区域上，充分体会每一个整理动作中肌肉的延伸性，缓慢地拉伸肌肉直至快要感到疼痛，保持拉伸姿势做10～20秒的停顿，组与组练习之间休息20～30秒。

① 肱二头肌、指深屈肌、指浅屈肌、拇长屈肌的肌肉伸展（图2-42）

双脚并拢站立在镜子前，保持身体的挺拔，将双手手臂伸直抬高过头，两手十指交叉，手掌心朝上，保持手臂垂直于地面，最大限度地向上伸展，类似于伸懒腰的动作。动作完成过程中注意呼吸的配合，吸气时上举双臂，呼气时向上延伸双臂，并保持数秒的时间。双臂位置稳定在耳侧，不能前移，可以微微向耳后移动。

图 2-42

② 肱二头肌、肱桡肌的肌肉伸展

a) 上臂后支撑牵拉。背对支撑物站立，双肘部伸直，上臂内旋（拇指向内），手掌心向下，双手抓握住支撑物，逐渐下蹲以降低躯干位置，直到感受到肌肉拉扯的感觉，两手间距离不同会产生不同的牵拉感（图2-43）。

b) 外旋悬挂式牵拉。前臂外旋（手掌心向身体后方），悬挂于单杠上，全身放松，保持此姿势数秒，注意呼吸的自然，再回到地面让悬挂时用力的肌肉适当休息（图2-44）。

图 2-43

图 2-44

c) 直臂旋肘。在镜子前站立，伸直肘部并用另一只手让肘部外旋（图 2-45）。

图 2-45

图 2-46

③ 肱三头肌的肌肉伸展（图 2-46）

坐在凳子上或站立在镜子前，保持后背的直立，右单臂上举垂直于地面，手紧靠耳侧，肘部在脑后最大弯曲，左手握住右肘处，协助向左方向牵拉，左右交替进行。或者利用支撑物完成这一动作：面向竖直支撑物站立，它是用来给身体一个推动力，尽量让肘部保持最大弯曲，利用身体向支撑物靠拢进行肱三头肌的牵拉，这样做会比用另一只手协助推动牵拉要更容易完成。

④ 手指屈肌、伸肌的肌肉伸展

a) 双手互帮，坐或站立，左手伸直上举到身前，高度略低于肩部水平线，左手五指并拢掌心对外，指尖朝下，右手压住左手指处，向身体的方向进行推压，使手指和手腕都受到牵拉，右手按同样要求进行练习。为了让动作更加标准，一定要给每个手指均匀施压，腕部向上伸展能加大张力（图2-47）。

图 2-47　　　　　　　　　　　　　　图 2-48

b) 手掌半张牵拉。同样也是用另一只手帮忙拉伸手指，但是手指的形态产生变化，让五指微屈成半握状，把拉伸的重点放在手掌肌和调尺前肌（图2-48）。

c) 跪地伸展手部。双膝跪在垫子上，双手手臂伸直，手指尖朝向膝盖方向，跪地支撑时让身体慢慢向后移动，直到前臂有牵拉感，在拉伸动作过程中，动作一定要轻柔缓慢，避免用力过猛而导致肌肉拉伤（图2-49）。

d) 前臂伸直屈腕。双手互帮，坐或站立，左边肘部完全伸直，手背对外、掌心对内，五指朝下，右手指尖朝上完全覆盖住左手手背，轻轻按压，左手完全屈腕伸

图 2-49

展。完成这个动作时需要让前臂和大臂内旋，让手指指向外侧（图2-50）。

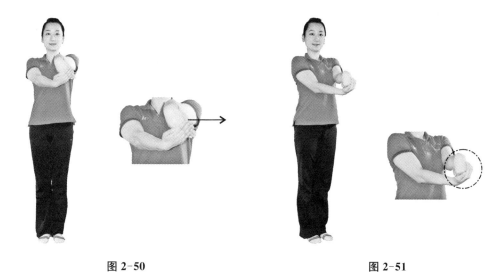

图 2-50　　　　　　　　　图 2-51

e）保持上一个动作，将肘关节微屈，把拉伸重点放在尺侧后方的肌肉，另一只手在协助时主要按在小指附近（图2-51）。

f）手指逐一伸展，用一只手拿起另一只手的每个手指，然后分别伸展（向手背方向拉伸）。拉伸每个手指的时候用力要缓慢而平稳，保持数秒后再换下一个（图2-52）。

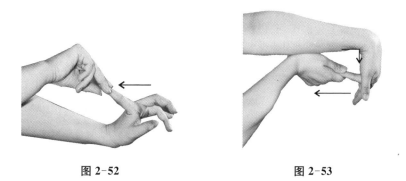

图 2-52　　　　　　　　　图 2-53

g）腕部保持弯曲90°，用一只手将另一只手的手指逐一向手心方向弯曲，动作彻底而轻柔。完成这个动作时需要让前臂和大臂内旋，让手指指向外侧（图2-53）。

⑤ 桡侧腕长伸肌、拇展肌的肌肉伸展（图2-54）

保持身体挺直站立，左手臂前伸，肘部保持伸直状态，五指并拢，掌心向右，手腕外展（小指一侧向前臂靠近），用右手将左手从拇指侧向另一侧缓慢推压。左右手交替进行。

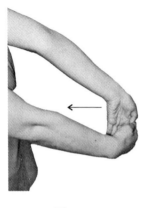

图 2-54

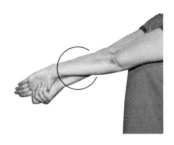

图 2-55

⑥ 旋后肌、拇长展肌的肌肉伸展（图2-55）

保持身体挺直站立，左手臂前伸，肘部保持伸直状态，五指并拢，手部旋前（形似倒水动作，大拇指向下移动，小拇指向上移动），右手帮忙加大整个手臂旋转的幅度。左右手交替进行。

2）矫正不美手臂的练习方法和注意要点

(1) 手臂太粗，表现为手臂的围度过大

手臂的粗细主要是由臂部肌肉的体积和皮下脂肪的多少来决定的，肌肉体积大、脂肪多，那么手臂自然就会变粗。当身体新陈代谢速度慢，基础热量消耗少时，手臂会堆积过多脂肪，从而让手臂看起来粗壮肥胖。可通过塑形运动的方式有针对性地加快新陈代谢，促进脂肪消耗。

方法：

① 手臂屈伸。面向墙或者桌子站立，做立式俯卧撑。手臂伸直，两手支撑固定物，两手间距宽于肩膀，两脚微微后撤，手与身体之间的角度必须大于90°，保持身体的紧张，手臂向外展开弯曲做开臂俯卧撑。或者将两手间距向内调整至与肩

同宽，身体姿势不变，双手手肘紧靠身体，做夹臂俯卧撑。

时长：手臂弯曲，让身体尽量靠近固定物，停顿 5 秒再伸直手臂，反复 5～10 次。

要点：手臂屈伸的过程中，动作速度要缓慢，臂屈和臂伸都要有控制地匀速完成。动作姿势一定要标准，身体与下肢呈一直线，不能翘起臀部练习。如果必须改变身体姿态才能完成一次手臂屈伸，就说明身体与手之间的角度过大了，自身的肌肉能力不能支撑完成这个技术动作，要对支撑角度进行调整，角度越大难度相对也就越大。

② 手腕屈伸。详见肌肉力量练习中的③前臂肌群的训练。

③ 适当的肌肉力量练习可以消除手臂多余的脂肪并紧致肌肉，告别难看的"拜拜肉"，有一定运动基础的人可以参考手臂肌肉力量练习，进行一些轻负重训练，加快塑造手臂的形态。

④ 运用手臂各种牵拉动做练习，让手臂中的每根肌纤维都逐步地拉长变细，从而改善手臂肌肉形态，让肌纤维向理想中的纺锤形方向发展。详见手臂肌肉整理活动中的具体内容。

(2) 手臂过细，表现为手臂围度过小

要想使太细的手臂变得更加有型，必须全面增强手臂各肌肉群的力量，使肌纤维适当加粗加大。练习方法和注意要点详见手臂肌肉力量练习。在练习肌肉能力后千万不要忘记肌肉整理活动，让肌肉更修长并富有弹性。

2.1.4 胸部、背部塑形训练

身体躯干形态美的基本要求是挺胸拔背。胸部美对女性来说是身体曲线美的重要标准，曲线优美的乳房能充分显示女性的性感魅力。女性的胸肌虽然较男性来说很薄弱，但要获得健美的乳房，必须有健美的胸肌作基础。女性胸肌健美的标准就是结实、柔软且富于弹性。如果没有胸部肌肉的协调牵拉，就会出现形态的下垂，严重影响女性的曲线美。对男性来说，轮廓分明而强健的胸部是刚毅、力量、信心的展示，能充分体现男性的阳刚之美。而重视胸部的塑形却不重视背部，同样达不到塑形躯干的形态美的目标。背肌与生俱来的功用是保护后方的脊椎骨，拥有强壮的背肌才能够拉动脊椎，避免错误的姿势使压力都集中在脊椎上面。挺拔的身材由背肌出发，背部肌肉在保持身体的稳定性上起着十分关键的作用。胸部、背部的肌肉训练是需要交叉进行的，因为我们身体某块肌肉在进行运动的时候，会有相对应的肌肉与这块肌肉的功能相反，只有同时进行训练，才能保持身体的平衡性。胸肌和背肌就是互相对抗的。胸肌比背肌强太多会导致驼背，这是由胸肌力量和背肌的力量不均衡所致，胸肌让我们做含胸的动作，而背肌让我们扩胸，这两个动作是相反的。所以，锻炼胸肌的时候同样需要重视背肌的形态锻炼，这样才可以全面塑造躯干的形态美，有效矫正脊柱侧弯和含胸驼背等不良身体形态。

胸部、背部的生理结构及特点：胸部和背部构成了胸廓。正常成人胸廓两侧对称，呈椭圆形，而小儿和老年人的胸廓略呈圆柱形。胸廓是由12个胸椎、12对肋骨和肋软骨、1块胸骨以及关节、韧带装置构成。胸廓的问题和脊柱的问题是相互联系的，不管在结构上还是功能上，二者甚至存在着因果关系，一种结构的改变必然影响另外一种结构，并最终出现相应的形状变化。重视胸部和背部肌肉的塑造，能够更好地维持脊柱的形态和功能。胸部肌群主要有：胸大肌、胸小肌、肩胛下肌、前锯肌、肋间肌、斜方肌等；背部肌群主要有：背阔肌、大圆肌、小圆肌、棘下肌、大菱形肌、小菱形肌、浅层的斜方肌和深层的前锯肌、后锯肌等。主要功能为含胸、挺胸、体屈、体伸等。

1）胸、背部肌群的训练方法与注意要点

（1）热身准备

起始姿势：两脚与肩同宽站立，始终保持身体的挺拔，双手自然下垂。

含胸、展胸动作练习（图2-56）

方法：含胸指两肩内合，胸廓内收；展胸指两肩外展，肩胛骨内收。初次练习含胸动作时，可以用一只手放在两胸中间，先吸气，再提气，然后停顿，再呼气；同时慢慢地含胸，手轻轻向后推动胸部，充分感受背部肌肉的拉伸；连接含胸动作的呼吸，含胸呼气后停顿再吸气，慢慢地展胸，感受胸部推动手向前移动的同时收缩后背肌肉，使前胸延伸扩张，拉长两肋并挺立。

要点：配合呼吸完成整个动作过程，含胸呼气、展胸吸气交替练习，反复数次，动作充分。

配合节奏，组合完成如下动作。

充分体会含胸和展胸时肌肉收紧的感觉,加手辅助练习

图 2-56

第一组动作:无手含胸、展胸练习 4 个八拍。

[1] 1—4 含胸、5—8 展胸。

[2] 1—2 含胸、3—4 展胸、5—6 含胸、7—8 展胸。

[3] 1—4 含胸、5—8 展胸。

[4] 1—2 含胸、3—4 展胸、5—6 含胸、7—8 展胸。

第二组动作:手臂带动含胸、展胸练习 4 个八拍。

[1—2] 1—4 两臂侧平举向胸前合拢,手背相对,同时含胸低头;5—8 两臂侧平举向体侧打开,手心相对,同时微微抬下巴做展胸动作。

[3—4] 加快速度,不再低头和微抬下巴,从原来的 4 拍一转换,加速到 2 拍一转换。

(2) 肌肉力量练习

训练中胸肌和背肌是一组对抗肌群,这两个肌群不管是哪个力量弱,都会影响塑形训练的效果,以及肌肉线条的美感,所以要想让全身肌群整体都非常协调、有美感,那么胸肌和背肌的比例就要练得非常协调,练习的过程中始终要记得呼吸与动作的配合。日常练习中,在没有哑铃器械的情况下,可以使用装满水的瓶子或比较厚的书本来代替。

① 胸部肌群的训练

a）哑铃推举（图 2-57）

起始姿势：平躺在长凳上，仰卧，头和背部由长凳支撑，双脚平放在地面上。

方法：抓住胸部正上方的哑铃，保持哑铃微微分开。前臂与地面方向做垂直运动。弯曲手臂，吸气，降低哑铃到胸部高度（取决于肩部的柔韧性），下降高度至少要使大臂平行于肩膀，然后再向上垂直推举哑铃。

图 2-57

要点：保持肘部的垂直并且远离身体。向上推举哑铃时一定要保持垂直，避免出现在推举到最高点时两个哑铃相撞的现象。

次数：初级每组 10～15 次，中级每组 15～20 次，高级适当增加哑铃重量。组数 3～5 组。

b）哑铃飞鸟（图 2-58）

起始姿势：平躺在窄凳上，支撑住身体和头部，脚平放在地面上。

方法：垂直抓住位于胸部正上方的哑铃，保持哑铃之间分开一段距离，手掌相对。吸气，水平向下降低哑铃到胸部的高度或略低于肩膀（取决于肩部的柔韧性），再呼气，垂直向上向内举起哑铃，内收时，哑铃最后不要相碰，要保持一定距离。

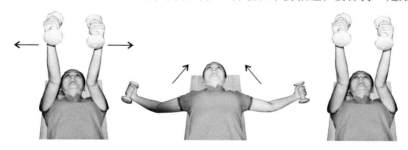

图 2-58

要点：整个运动过程中要保持肘部的姿势，不能屈伸肘部改变动作形态，哑铃一定不能太重，否则容易导致关节损伤。运动速度保持匀速并有控制。保持肘部远离身体，该动作姿势很像拥抱他人。

次数：初级每组 10～15 次，中级每组 15～20 次。组数 3～5 组。

c) 仰卧哑铃上拉（图 2-59）

起始姿势：平躺在长凳上，头部放在凳子边缘，双手垂直抓握哑铃，两臂与肩形成三角形。

方法：深吸气，缓慢并且有控制地向头后方降低哑铃，保持肘部姿势不变，充分感受胸肌的延伸感和胸部的扩张感，尽量用双手手臂去触碰长凳；呼气，双手把哑铃垂直拉回起始姿势，充分感受胸肌的收缩。

图 2-59

要点：这个动作的练习主要针对有一定运动基础的人，因为这个锻炼方式不仅可以锻炼到胸肌，还可以锻炼到背肌和邻近的肌肉。哑铃不宜过重，运动距离不宜过长或过短，肘部应保持稳定，不能弯曲太多。

次数：初级每组 10～15 次，中级每组 15～20 次。组数 3～5 组。

② 背部肌群的训练

背部肌群比较难练，因为背部肌肉的塑形速度比较缓慢，很多人在短时间内看不到练习效果就会放弃。俗话说得好，新手练胸，老手练背。背部肌群练习先从无器械练习开始。

a) 跪姿俯卧撑（图 2-60）

起始姿势：双手垂直支撑在地面上，略宽于肩膀，双膝支撑在地面上，与髋同宽，小腿自然平放于地面上。身体与地面呈斜角度，手臂与身体和地面形成直角三角形。

方法：保持支撑姿势不变，吸气，屈肘让上身尽量靠近地面，停顿数秒，呼气，垂直推起身体，反复数次。

图 2-60

要点：跪姿俯卧撑做起来虽然简单，但对于背部的锻炼和拉伸却比一般俯卧撑或者很多高难度的俯卧撑效果还要好。对于特别想要锻炼背部的女生来说，跪姿俯卧撑是最适合的，因为这个动作并不像一般俯卧撑那么难以完成。整个运动过程中，身体姿势的保持尤为重要：收紧腹部，屈肘时不要改变身体形态。

次数：初级每组 8~10 次，中级每组 10~20 次，高级每组 20~25 次。组数 3~5 组。

b) 仰卧夹背（图 2-61）

起始姿势：躺在稍微硬一点的床上或者铺在地上的瑜伽垫上都可以，采取仰卧位，腿像仰卧起坐时一样曲起来，双脚与肩同宽踩在地面上，双臂夹紧身体，大臂紧贴在地面。

方法：吸气，努力将上半身抬离地面，让身体与地面尽量形成三角形，停顿数秒，呼气，慢慢有控制地还原到起始姿势。

图 2-61

要点：这个动作主要锻炼上背部，有助于增加背部的宽度。练习中注意力要集中在背部肌肉发力处，运动过程缓慢有控制地完成，尽力上顶髋部，达到三角形的形态。

次数：初级每组 10~15 次，中级每组 15~20 次，高级每组 20~25 次。组数

3～5组。

c) 俯卧两头起（图2-62）

起始姿势：身体俯卧在地垫上，前额轻轻放在地垫上，双腿并拢，脚背下压地面，双手放身体两侧，掌心向上。

方法：收紧背部向中间脊柱的方向发力，启动臀部肌群，吸气，慢慢使头、胸和双腿同时离开地面，保持稳定。两手臂向上向后伸展，掌心相对，手指打开。保持大腿肌肉收紧向上提，胸部尽力向上抬高，后背肌肉收紧发力。保持手臂的伸展，眼睛平视前方，停顿数秒，呼气，有控制地缓慢放下身体，还原到起始姿势。

要点：通过手指脚趾的延展去带动腹部核心，激活背部肌群，保持平稳的呼吸。这个动作对提升背部力量，维持脊柱健康，调理椎间盘突出、腰肌劳损都有非常好的效果。

图 2-62

次数：初级每组 8～10 次，中级每组 10～20 次，高级每组 20～30 次。组数 3～5 组。

d) 单臂哑铃划船（图2-63）

图 2-63

起始姿势：单膝跪在放平的长凳子上，另一条腿绷直或者微微弯曲，脚支撑在地面，腿与身体呈对角线并且微微靠后（取决于练习者的身高与凳子的高度）。保持躯干水平。用跪膝同侧手作为身体的支撑，另一只手抓握哑铃。

方法：握哑铃的那只手垂直于地面，从最低点开始，吸气把哑铃提高到腰部的位置（动作类似于锯木头）。保持肘部靠近身体内侧并夹住，前臂与地面垂直，停顿数秒，呼气还原到起始姿势。

要点：集中注意力，保持运动的垂直方向，不能朝肩部提起哑铃，保持躯干的水平位置和稳定性，不可以靠旋转躯干来帮助提升哑铃。

次数：初级每组 10~15 次，中级每组 15~20 次，高级适当增加哑铃的重量。组数 3~5 组。

e) 俯身哑铃背肌起（图 2-64）

起始姿势：双脚与肩同宽，双膝微屈，双手抓握哑铃。

方法：上身向下前倾 90°，双手自然下垂与地面垂直，停顿静控数秒，缓慢起身还原到起始姿势，反复数次。

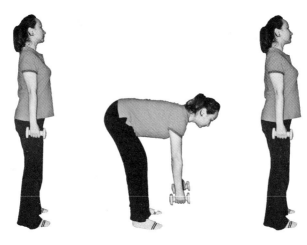

图 2-64

要点：上半身在上下运动时，尽力保持身体的延伸，运动过程中肌肉始终保持紧张。

次数：初级每组 10~20 次，中级每组 20~30 次，高级适当增加哑铃的重量。组数 3~5 组。

f) 哑铃俯身飞鸟（图 2-65）

起始姿势：双脚平行站立，与髋同宽，挺胸屈髋，上半身前倾，脊柱保持中立位,双掌心相对握住哑铃并自然悬垂到肩部下方。

方法:保持身体的稳定性,姿势不变。先吸气,呼气时双臂外展,手臂向两侧打开,哑铃向上直到完全收紧菱形肌。停顿5秒,呼气,降低哑铃,还原到起始姿势。

图 2-65

要点:这个动作首次练习起来会比较困难,建议刚开始练习时从较轻重量进行训练,或者直接握拳不加重量进行初级训练。背部始终保持伸展不能含胸驼背,身体保持稳定不能晃动,注意呼吸节奏。

次数:初级每组10~20次,中级每组20~30次,高级适当增加哑铃的重量。组数3~5组。

(3) 肌肉整理活动

练习过程中一定要把意念集中在拉伸的区域上,充分体会每一个整理动作中肌肉的延伸性,缓慢地拉伸肌肉直至快要感到疼痛,保持拉伸姿势短暂停顿10~20秒,组与组练习之间休息20~30秒。

① 胸大肌、肩胛下肌的肌肉伸展

a) 上身旋转牵拉上臂(图2-66)

在墙面或纵向固定物旁站立,抬起右臂并外展,掌心扶住固定物略高于肩膀的位置,左肩向左旋转,眼睛看向左肩方向,动作完成过程中需保持肩关节外展的稳定性,不能扭动肩部改变肩部拉伸的方向。伸展中注意抬高右臂,要高于肩膀,拉伸的重点是胸大肌下部纤维,相反,右臂下移,则会更多地拉伸胸大肌上部纤维。左臂按同样要求完成动作。

图 2-66　　　　　　　　　　　　　图 2-67

b) 屈体拉伸（图 2-67）

面对固定物，可以是一张桌子或者是和腰等高的支撑物，把双手放在桌子上或固定支撑物上，身体向前屈体，呼气并逐渐下压身体。这个动作可以牵拉多个肌群，伸展胸肌的重点在于双臂一定要分开一定距离，否则承受大部分牵拉力的是背阔肌。如果找不到合适的支撑物，与上一个动作一样，可以找伙伴配合完成。两人把手放在对方肩部，同时用力下压。

c) 后拉手臂（图 2-68）

垂直站立，双手于身后五指交叉相握，掌心向后，外旋手臂，逐渐抬高手臂，直到感到胸部的张力和拉伸感。如果身体后方双臂外旋较困难，可以运用弹力带进行辅助练习，重点是有控制地上抬手臂并保持牵拉状态。

d) 躯干扭转（图 2-69）

俯卧在垫上，双手与肩部平行，手掌贴地远伸。收回左手支撑在肩膀前，吸气，左腿抬高，呼气，脊柱扭转，左腿跨向右边，头部转向左侧，左脚尖尽力去找右手，放置在右手的方向上，充分感受胸大肌的

图 2-68

拉伸。如果觉得拉伸感觉不明显，左手再多推动地面一些，右手向远处再延伸一些。吸气，慢慢还原到俯卧位置。反方向按同样要求完成。

正面示范　　　　　　　　　　　　反面示范

图 2-69

② 背阔肌、大圆肌、腹外斜肌的肌肉伸展

a）肋木悬挂（图 2-70）

身体悬挂，双脚离地，双手以大于肩宽的距离抓握横杆，全身尽量放松，保持这个身体姿势。双手间距较大，拉伸就会集中在后背外侧，而双手距离较小，拉伸就会集中在肱二头肌的位置，所以双手应尽量宽于肩膀进行拉伸练习。悬挂动作非常有益于放松脊柱周边的区域，因为我们大多数的时间都让后背承受比较大的压力，而悬挂动作会在重力的帮助下使整个后背得到拉伸。

图 2-70　　　　　　　　　　　　　　　图 2-71

b) 竖直伸展上臂（图2-71）

站立在镜子前面，双手从身侧上举至高于头顶，两手交叉，手掌心向上。感觉用双手手掌去顶天花板并无限向上延伸拉长，手臂尽力拉直放在耳后的位置。这个动作拉伸强度不大，一些年龄偏大或者身体有缺陷者也可以尝试练习。动作过程中思想注意力要集中，充分感受所拉伸的肌肉部位。

c) 抓扶立柱或门框侧向拉伸（图2-72）

侧身站立在固定物旁，也可以抓握住门框。双脚尽量靠近固定物，双手在头顶上方抓握住固定物，掌心向前，身体向反方向倾斜，尽力远离固定物，充分感受躯干一侧的拉伸感。要加大拉伸的幅度，可以将双腿交叉，远离固定物那侧的腿在另一条腿的后面。在完成这个动作时，注意不能扭动躯干，要保持正侧面对着固定物。拉伸数秒后，再换另一边按照相同的要求进行牵拉放松。

图 2-72

d) 祈祷式背阔肌拉伸（图2-73）

跪在垫子上，屈体，双手放在前方的垫子上，头部轻贴垫子。手臂伸直，双手与垫面紧贴，胯部和背部有意识向下，即整个躯干向垫面的方向下压。双手不要距离太远，也可以在双手下放一支撑物，进行加强伸展练习。

e) 弓背牵拉（图2-74）

垂直站立姿势开始，双手抱头于脑后，上半身向下躬身，同时双臂内收向下

图 2-73

压，胯部和膝关节适当弯曲。在拉伸过程中如果感觉到头痛或眩晕，应立即停止这类过度低头拉伸的动作，可以选择其他内容进行伸展训练。

图 2-74　　　　　　　　　图 2-75

f) 前身双臂（图 2-75）

垂直站立，双手交叉相握，掌心向外尽力向外拉伸，后背和膝关节微微弯曲。

2）矫正不美胸、背部的练习方法和注意要点

(1) 含胸驼背现象

含胸驼背现象表现为头颈向前、胸椎后凸以及圆肩等情况，是长时间弯腰引起的背部肌肉松弛及低头的生活习惯导致的胸廓变形、胸腔变小，严重的还会影响心肺及消化系统功能。

方法：

① 手扶墙压胸腰练习。距墙一步的距离站立，两臂上举扶墙，身体上半身尽

量向前靠，挺胸、凹腰，脚不能前移，胸部紧贴住墙，再慢慢还原到站立姿势。长时间伏案学习或工作后，这个动作可以有效缓解背部不适感，同时还可以达到开胸的目的，逐渐养成挺胸拔背的姿势。

时长：胸部紧贴住墙，保持5～10秒，反复5～8组。

要点：配合呼吸完成，呼气时胸部慢慢前移紧贴墙面，停顿数秒，保持均匀呼吸，再慢慢还原动作。开始练习时，当感受到胸廓压迫时，可以不要再增加胸部前移的幅度了，此动作需要循序渐进地进行训练。

② 两臂翻转挺胸腰练习。背对墙面一步距离站立，两臂侧平举，内旋手臂，手掌相对，然后抬头，挺胸至最高，两臂尽量向身体后方内收夹拢，感觉要去触碰墙面。两腿夹紧直立，臀部收紧。

时长：保持后夹手臂姿势5～10秒，反复5～8组。

要点：尽力伸展，充分体会挺胸夹臂的感觉，保持呼吸自然。

③ 扩胸练习。两腿分开站立，两臂先前平举，然后向侧面水平打开扩胸，手心相对，反复数次。

时长：2拍1动，反复练习15～20次。

要点：向后扩胸速度要快，要有一定力度，扩胸时抬头、挺胸、收腹。

④ 背手挺胸练习。两腿分开站立，两手在身体后方十指交叉握紧，手心相贴，两肩胛骨后锁，两臂后上举至最高，挺胸立腰，再还原站立姿势。

时长：保持十指交叉握紧姿势，4拍1动，做15～20次。

要点：保持身体站立姿势的稳定性和两肩胛骨的后锁，每一次上举双臂时，尽量上举至最高点。

(2) 脊柱侧弯现象

脊柱侧弯现象表现为双侧肩膀的不等高、穿衣时领口不对称，弯腰时两侧肩胛骨高低不等，腰椎一边隆起一边凹陷，腰际线不对称等情况，严重者甚至会出现神经受损、神经受压、神经对内脏的调节功能紊乱、肢体感觉障碍、下肢麻木等异常症状。轻度的脊柱侧弯可以通过系统的锻炼进行纠正，但重度患者就需要进行手术治疗。

骨骼训练是一个长期的过程，书中介绍的运动方式需要坚持不懈的系统训练，才能真正改善身体侧弯。

方法：

① 侧向弯腰，身体形似大写英文字母"C"。两脚并拢，侧身站立在一个可以抓握的固定物旁，内侧手抓握固定物，外侧手臂上举的同时上半身朝凸起的一侧侧弯，远离固定物。

时长：此姿势坚持20～30秒，静控后还原到站立姿势。

要点：双脚尽量靠近固定物，身体保持侧倾，重心尽量往外倾斜，外侧手臂尽量靠近耳朵，抬头挺胸、收腹，上体不能前倾。

② 俯卧地面或垫子上，两臂弯曲，身体前撑地，将脊柱侧弯一侧的腿用力向上抬起，同时异侧手臂伸直前举。

时长：保持此姿势3～4秒，再还原到俯卧。每组10～15次，练习3组。

要点：抬起的腿与异侧手臂尽力向上抬起，注意动作的延伸。

③ 两腿开立站立，侧弯一侧手臂提一重物（如哑铃、书包等）进行练习。

时长：提重物后身体不要直立，保持侧屈姿势30～60秒，再还原站立姿势。每组10～15次，练习3组。

要点：动作练习过程中避免身体的前倾和后仰，重量视自己的能力来决定。

④ 向脊柱侧弯方向侧卧于垫子上，外侧腿用力向肩侧方踢腿至最大限度，再还原至侧卧姿势。

时长：每组25～30次，练习3组。

要点：踢腿动作练习过程中收腹紧腰，保持身体侧卧的稳定性，踢腿幅度要大。

⑤ 俯卧在地面或垫子上，单手单腿支撑练习，左手右腿同时向上抬平，一侧做完再换另一侧，交叉锻炼。

时长：两边交换练习为1次，每组25～30次，练习3组。

要点：由于脊柱侧弯后，凸侧和凹侧的肌力不均衡，这个动作能协调增强背部肌力。每一次抬起手和腿需在最高点停留3～5秒，要匀速、有控制地慢起慢放。

⑥ 体侧屈起，身体侧卧在地面或垫子上，双脚固定住（需要同伴帮助完成），两臂屈肘抱头，向上侧屈，按照要求进行两侧换边练习。

时长：两边分别练习每组15～20次，练习3组。

要点：髋部贴紧地面，上身抬起得越高越好，但一定要保持身体的正侧位置，不能前倾或后仰。

2.1.5 腰、腹部塑形训练

现代女性腰粗、男性啤酒肚的人越来越多，也越来越趋于年轻化，这不仅影响着外在的身段形象，还会影响着人们的日常生活。笨重的身体行动起来很不方便，往往稍微动一下就会气喘吁吁，给学习和工作增加了很多烦恼。同时，科研人员还通过对超过 35 万人进行的一项大规模医学调查发现，一个人的腰围如果过大，暗藏着许多健康隐患：腰腹部是全身骨骼最少的部位，但又是重要脏器最多的部位。脂肪在腰部堆积，会使得血液循环量增加，血液总容量也增加，加剧心脏负担，造成心脏肌肉变厚，血压升高；肝脏是人体重要的代谢器官，水桶腰会极大影响肝脏的健康。研究显示腰围过大的人群，患脂肪肝的风险比普通人高五倍，如果不注意，还可能会发展成肝硬化。因此，腰、腹部的练习很重要。腰粗的人有一个共同点就是缺少运动，能坐着就不走路，能躺着绝不坐着。缺少运动不只无法消耗摄入的热量，还会减缓身体新陈代谢的速度，导致脂肪愈加不容易被分化代谢，堕入越懒越胖、越胖越懒的恶性循环。

腰、腹部的生理结构及特点：参与到腰、腹部运动的骨骼，主要有 5 块腰椎骨。主要肌肉有：腹横肌、腹直肌、腰方肌、腹内斜肌、腹外斜肌、竖脊肌、下后锯肌、横突棘肌等。腹部肌群是弯曲躯干的主要肌肉，腹横肌和腹斜肌形成一道天然的腰带，收缩腹部。腰部肌肉即下背肌群，也被称作"姿势肌肉"，主要作用是伸展脊柱，使脊柱弯曲、转动。保持好的姿势，对椎间盘和心肺系统健康都十分重要。

1) 腰、腹部肌肉群的训练方法与注意要点

(1) 热身准备

在开始练习之前始终要记得先进行腰腹部的肌肉热身练习和韧带牵拉活动。

① 绕腰运动（图 2-76）

起始姿势：两脚与肩同宽站立，始终保持身体的挺拔，双手叉腰。

方法：轻轻地旋转腰部，从小圈到大圈，循序渐进。

要点：用髋关节带动腰部进行画圈运动，左右交替完成。

图 2-76

② 侧腰左右交替运动（图 2-77）

起始姿势：两脚与肩同宽站立，始终保持身体的挺拔，双手侧平举打开，与肩部同高。

方法：右手向下、左手向上的同时，腰部向右侧弯曲，回到起始姿势后再反方向按同样的要求完成。

要点：上手要紧贴一侧耳朵，下手大臂紧贴身体，保持身体正侧位置。

图 2-77

③ 体转运动（图 2-78）

起始姿势：两脚与肩同宽站立，始终保持身体的挺拔，双手侧平举打开，与肩部同高。

正面示范　　　　反面示范　　　　正面示范　　　　反面示范

图 2-78

方法：身体向右侧转动的同时左手横向划动至手指尖触碰到右肩，右手同时向后背下方运动，位于腰部，眼睛看向右侧后方，回到起始姿势后再反方向按同样的要求完成。

要点：保持身体直立，尽可能增大转动的幅度。

④ 上下屈体运动（图 2-79）

起始姿势：双腿并拢站立，两臂伸直上举，掌心向前，放在耳侧的位置，身体

图 2-79

保持挺直。

方法：双臂保持伸直状态的同时向耳后展开，再做体前屈动作，两手触地，反复数次。

要点：整个运动过程保持双膝伸直、手臂延伸。

⑤ 前屈体转运动（图2-80）

起始姿势：两脚与肩同宽站立，双手侧平举打开，与肩部同高，身体向前屈体90°。

图 2-80

方法：保持起始姿势，左手触碰右脚，右手触碰左脚，左右交替练习。

要点：上半身大幅度体转运动，练习过程中注意后背的延伸，双膝伸直，手臂两侧延伸。

配合节奏，组合完成如下动作。

第一组动作：绕腰运动，4个八拍。

[1] 1—4 右绕腰、5—8 反复一次。

[2] 1—4 左绕腰、5—8 反复一次。

[3] 重复动作［1］。

[4] 重复动作［2］。

第二组动作：左右交替侧腰＋体转运动，8个八拍。

[1] 1—4 右侧腰、5—8 回到起始姿势。

[2] 1—4 左侧腰、5—8 回到起始姿势。

[3] 1—4 右体转、5—8 回到起始姿势。

[4] 1—4 左体转、5—8 回到起始姿势。

[5] 1—2 右侧腰、3—4 回正、5—6 右侧腰、7—8 回正。

[6] 1—2 左侧腰、3—4 回正、5—6 左侧腰、7—8 回正。

[7] 1—2 右体转、3—4 回正、5—6 右体转、7—8 回正。

[8] 1—2 左体转、3—4 回正、5—6 左体转、7—8 回正。

第三组动作：上下屈体运动，8 个八拍。

[1] 1—2 上举后摆手、3—4 上举后摆手、5—6 体前屈触地、7—8 体前屈触地。

[2—4] 重复动作 [1]。

[5—8] 双手掌碰地，静态保持 4 个八拍。

第四组动作：前屈体转运动，4 个八拍。

[1] 1—4 左手碰右脚 2 次、5—8 右手碰左脚 2 次。

[2] 重复动作 [1]。

[3] 加快速度，1—2 左手碰右脚、3—4 右手碰左脚、5—8 反复一次。

[4] 重复动作 [3]。

(2) 肌肉力量练习

力量训练有动态与静态之分，动态训练更适合增长肌肉，而静态更适合增强肌肉力量（时间长、刺激深）。在练习腰、腹部肌肉力量时，需要动态训练和静态训练相结合：动态训练是指反复多次地进行一些身体旋转类等肌肉动作练习；而静态训练是指肌肉静止不动、发力收缩的状态，这种练习方式能有效提升肌肉的绝对力量。两者相结合的训练可以有效提升腰、腹部的肌肉力量，使得身体形态逐渐发生变化，从而增加自信心与自豪感。

① 腹直肌、腹内斜肌、腹外斜肌的训练

a) 仰卧起坐（图 2-81）

起始姿势：双膝弯曲仰卧于地面，双手交叉在胸前，可以让同伴帮忙固定住双脚，也可以独立完成。

方法：有节奏地收缩腹部，背部稍稍弓起，吸气抬起身体 90°，呼气身体躺下还原到起始姿势,反复练习。

图 2-81

要点:练习过程中头、颈部不要过度弯曲,臀部不要离开垫子,尽量缩短盆骨与胸部之间的距离。

次数:初级每组 15~25 次,中级每组 25~35 次,高级可以给交叉在胸部的手中增加重量进行练习。组数 3~5 组。

b) 双臂前伸卷腹(图 2-82)

起始姿势:双膝弯曲仰卧于地面,双臂朝向双膝的方向,伸直,手掌心朝下。

方法:以双膝为目标,上身尽量卷腹,双手触碰双膝,再还原成起始姿势,反复数次后卷腹静控数秒,双手始终朝目标位置努力。

图 2-82

要点:这是动静态结合的一种练习方式,臀部应紧贴地面,无论是动态反复还是静态控制,双手都要尽力去触碰双膝。

次数:初级动态反复 5 次 + 卷腹静控 10 秒,中级动态反复 10 次 + 卷腹静控 20 秒,高级动态反复 15 次 + 卷腹静控 30 秒(动态、静态结合时中间没有休息)。

c) 扭曲式卷腹(图 2-83)

起始姿势:仰躺在垫子上,右腿弯曲踩在垫上,左腿弯曲,脚腕放在右腿膝盖上,双手抱在脑后。

方法：尽力让右手肘在旋转的时候触碰左膝，有节奏地收缩腹部，背部稍稍弓起。重复数次后再反方向完成。

图 2-83

要点：练习过程中，双手抱头时颈部不要过度弯曲，不要借助压迫颈部的力量卷腹起身，臀部不要离开垫子，转体的方向对准弯曲腿的膝盖处。

次数：初级左右各每组 10～15 次，中级左右各每组 15～20 次，高级左右各每组 20～25 次。组数 3～5 组。

d) 侧身提腿（图 2-84）

起始姿势：双腿并拢，双膝微屈，双手抱头，稍稍前倾侧卧在垫子上。

方法：通过弯曲躯干收缩腹部肌肉，将肩部从垫子表面往侧面上提 5 cm 左右的高度，同时上提双腿，上侧腿弯曲并稍稍上移，使躯干和腿部朝着彼此的方向移动。吸气时上提躯干和腿，呼气时下放回到起始姿势。重复数次后，反方向按同样要求进行练习。

图 2-84

要点：运动过程中保持匀速，收缩和放下需要有控制地完成。

次数：初级左右各每组 10～15 次，中级左右各每组 15～20 次，高级左右各每组 20～30 次。组数 3～5 组。

② 腹直肌、腹内斜肌、腹外斜肌、腹横肌、髂腰肌的训练

a) 仰卧举腿（图 2-85）

起始姿势：平躺在垫子上，双手上举过头顶，反手扶住固定物或抓住同伴的脚腕作为支撑。

方法：上半身稳定在垫子上，以臀部为轴，双腿夹紧并拢，从地面上举 90°，即垂直于地面，再有控制地放下，反复数次。

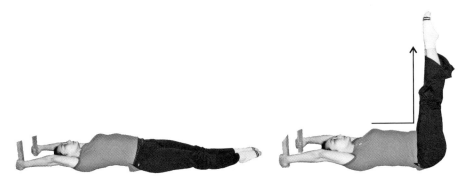

图 2-85

要点：臀部不要离开垫子，双腿尽量延伸，尽量上举到 90°，放下时一定要有控制地回到起始姿势。

次数：初级每组 15～20 次，中级每组 20～25 次，高级每组 25～30 次。组数 3～5 组。

b) 仰卧举腿上提（图 2-86）

起始姿势：背部着地，双腿垂直于地面，并拢伸直（或两脚交叉），双臂侧放，

图 2-86

双手置于臀部正下方。

方法：收缩腹部，双腿垂直往上举，提升盆骨，下背微微上提。上举双腿时呼气，有控制地放下时吸气，反复数次后上举静控数秒。

要点：这是动静态结合的一种练习方式，这个动作对下腹部的肌肉塑造有很好的锻炼效果，运动过程中不用过度提升躯干以至于全身重量放在肩部，也不要通过弯曲腿和伸直腿来获得上举动力，收缩腹部的力量用到提升了盆骨的程度就可以了。

次数：初级动态反复10次+卷腹静控5秒，中级动态反复15次+卷腹静控10秒，高级动态反复20次+卷腹静控20秒（动态、静态结合时中间没有休息）。

c) 仰卧交换腿上举（图2-87）

起始姿势：平躺在垫子上，双臂侧放，双手置于臀部下方。

方法：上半身稳定在垫子上，以臀部为轴，双腿交换上举至90°，再有控制地双腿交换放下，反复数次。

要点：双腿交换时幅度不用太大，小步地上举和放下。

次数：初级每组15～20次，中级每组20～25次，高级每组25～30次。组数3～5组。

双腿缓慢交换上举至90°

双腿缓慢交换放下

图2-87

③ 腹直肌、髂腰肌、股直肌的训练

a) 坐姿举腿（图 2-88）

起始姿势：坐在平凳或者地面上，双手置于臀部后方。

方法：弯曲腿部，大腿尽力朝胸部的方向收缩，同时上半身向腿的方向弯曲，再伸展双腿同时上半身后仰伸展。

图 2-88

要点：运动过程中，上半身与腿部的收缩与伸展是同时完成的，腿部位置与地面呈 30°～40°角，上半身与地面也要形成一样的角度，练习时腿部绝对不能触碰地面，要保持身体的平衡稳定。

次数：初级每组 15～20 次，中级每组 20～25 次，高级每组 25～30 次。组数 3～5 组。

b) 双手抱胸式坐姿举腿（图 2-89）

起始姿势：坐在平凳或者地面上，双手环抱在胸前。

图 2-89

方法：弯曲腿部，大腿尽力朝胸部的方向收缩，同时上半身向腿的方向弯曲，再伸展双腿同时上半身后仰伸展。

要点：运动过程中，上半身与腿部的收缩与伸展是同时完成的，腿部位置与地面呈30°～40°角，上半身与地面也要形成一样的角度，练习时腿部绝对不能触碰地面，双手环抱胸前更要保持身体的平衡稳定。

次数：初级每组10～15次，中级每组15～20次，高级每组20～30次。组数3～5组。

c）收腹两头起（图2-90）

起始姿势：平躺在地面或垫子上，双手上举过头顶，双脚并拢。

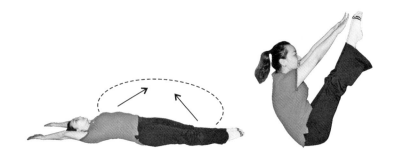

图2-90

方法：上半身和双腿同时向身体中间收拢，运动轨迹呈弧形，收拢至双手可以触碰到双脚的位置，再有控制地慢慢回到起始姿势。

要点：身体折叠得越紧密，动作难度越大，尽量延伸膝关节，有控制地同时展开身体和双腿时，尽量接近地面但不要完全放松地躺在地面上。

次数：初级每组10～15次，中级每组15～20次，高级每组20～30次。组数3～5组。

④ 高台背部伸展（图2-91）

起始姿势：俯卧在有一定高度的凳子上，上半身向前移动到髋部放在凳子上，上半身腾空，两手放置在体侧，手掌心贴住凳子表面。

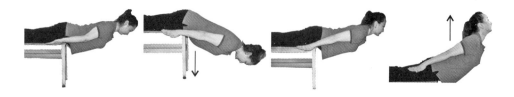

图2-91

方法：根据凳子的高度弯曲躯干向下，再上半身直线上提，上提至最高处再放下躯干，此时背部稍稍弓起。呼气上提躯干，吸气下放躯干。反复数次以后使身体与地面平行，控制数秒。

要点：这是动静态结合的一种练习方式，动态练习时要保证运动的幅度，这样才可以确保上提躯干时附近肌肉得到全面的锻炼。但要特别注意上提躯干时不能超越身体的中轴线，臀部不要整个放在高凳上，否则会影响屈臀的角度。反复数次后的静态练习，要注意躯干不能低于身体的水平线，保持静控的稳定性。

次数：初级动态反复15次＋水平静控20秒，中级动态反复20次＋水平静控40秒，高级动态反复30次＋水平静控1分钟（动态、静态结合时中间没有休息）。

（3）肌肉整理活动

练习过程中一定要集中注意力在拉伸的区域上，充分体会每一个整理动作中肌肉的延伸性，缓慢地拉伸肌肉直至快要感到疼痛，保持拉伸姿势短暂停顿10～20秒，组与组练习之间休息20～30秒。

① 腹直肌的肌肉伸展

a）面向下俯卧在垫子上，用腕部支撑，让上身抬起，腹部充分感受牵拉的张力（图2-92）。

b）背靠支撑物垂直站立，让整个身体紧贴支撑物，双手上举在头部后方抓扶住支撑物，再让躯干慢慢向前倾，双脚固定不动（图2-93）。

图2-92

② 腹斜肌、背阔肌、腰方肌的肌肉伸展

a）侧身站立在竖直的支撑物旁，身体一侧尽量靠近支撑物，特别是足部。远离支撑物的手从头顶上方抓握支撑物，另一只手从胸部就近的位置扶握住支撑物。慢慢地让身体远离支撑物，重心向另一侧倾斜，身体呈"弓"形，身体的一侧有明显的牵拉感。保持数秒后，反方向按同样的要求完成（图2-94）。

图 2-93　　　　　　图 2-94

b) 双腿分开站立,两手侧平举展开,上半身慢慢地向右侧屈体,右手触碰右脚,左手垂直于地面,转头看向左手的方向,身体保持平面展开,双腿随着身体右侧的下降自然分开,略宽于肩膀。保持数秒后,反方向按同样的要求完成(图2-95)。

图 2-95

c）垂直站立，双手抓握弹力带或相似物体，上举过头顶，双臂伸直，慢慢向右侧弯曲，直至上半身牵拉到最大程度。注意动作完成过程中，背部要伸直，躯体正侧面方向不要扭转，停顿数秒后再反方向进行练习（图2-96）。

d）跪立在垫子上，右腿从身体一侧伸出，右侧手臂抬起，尽量抬高并伸向另一侧，伸出的右腿与右手向两端充分延伸，左侧的手臂垂直撑地。保持数秒后，再反方向按照同样的要求进行练习（图2-97）。

图2-96

图2-97

③ 腹直肌、脊柱伸肌的肌肉伸展

a）双膝和手掌撑地，跪在垫子上，吸气收腹弓起背部，保持数秒，呼气放松躯干，再慢慢地伸展腹部让躯干反弓，保持数秒，循环反复数次（图2-98）。

图2-98

b）双腿微微分开跪在地垫上，上身保持垂直，再缓慢后仰，下后腰直到能从后方触碰到脚跟。这个动作做起来并不容易,如果觉得完成得非常吃力,可以运用其他拉伸动作代替,但还是需要了解。后仰下腰动作不仅可以让体前肌肉受到牵拉,同样还可以拉伸脊椎前侧的韧带(图2-99)。

c)俯卧,从后方抓握住脚踝关节,慢慢用力向上,让髋部尽可能地离开地垫,身体形成"弓"形。这个动作的完成要有一定的运动基础,不要强行去尝试(图2-100)。

图2-99　　　　　图2-100　　　　　图2-101

④ 腹斜肌、臀大肌的肌肉伸展

仰卧在地垫上,抬起右腿呈90°半屈并伸向身体左侧,同时左手尽力按压右腿膝关节处,身体其他部位应保持不动,特别是双肩、右手臂紧贴住地垫,停顿数秒后,反方向按同样要求完成(图2-101)。

2)矫正不美腰、腹部的练习方法和注意要点

随着时代的发展、社会压力的增加,现代人在电脑前的长期久坐、饮食的不合理、缺乏运动锻炼等情况造成腹部赘肉的"肆虐"。有些人四肢看上去很瘦,但腰、腹部却堆积了过多的脂肪,表现为腰围过粗、腹部隆起等现象。腹部肥胖不仅会影响个人的形象,导致各种各样的健康疾病,还会使人看起来比实际年龄大。

方法:

① 详见肌肉力量练习中的①、②、③,根据自身的情况进行有选择的练习。

② 脚蹬自行车练习。坐在垫子上,双手支撑在身体的后方,双脚抬起,做类似于自行车踩蹬的训练。

时长:腿部抬起至45°,踩蹬动作30秒~1分钟,反复3~5组。

要点:在练习的过程中,双脚不能碰地,在现有时长完成得很轻松的情况下,可以适当增加时间或者动态练习结束后再加1分钟并拢双腿的静态控制。

③ 俯撑控腰腹。双手撑地，双膝伸直，两脚夹紧放置在高凳上（或者有高度的固定物上），身体保持与地面平行。

时长：保持身体水平姿势至少 1 分钟，有能力的练习者可以根据自身情况增加训练时间。

要点：腹部收缩，臀部收紧，身体始终保持与地面平行，不能改变身体的形态。

2.1.6 臀部塑形训练

臀部是人体力量的发动机，无论是男性还是女性，过大过肥的臀部都将直接影响整体的形体美。女性的臀部是与生俱来最性感的部位之一，而紧翘的臀部是一种美感的表现；男性肌肉丰满又上提的臀部则会显得身材特别挺拔高大。拥有好看的臀部穿起裤子来会显得特别立体，同时更能显现腰线。在日常生活中，我们能够发现，有部分人虽然身高并不高，但由于臀部形态较好，整个人看上去并不显得矮小。而如果臀部肌肉在形态外观上显现出下垂或下坠的现象，哪怕身高并不矮，也会给人没有精神的感觉。对臀部肌肉进行有针对性的训练，可以提升臀部的重心，进而提升整个人的重心，从视觉上"拔高"身高。

臀部的生理结构及特点：臀部在人体结构中起到承上启下的作用，其运动主要依赖于髋关节。髋关节虽然属于杵臼关节，能做各种方向的运动，但因髋臼很深，同时股骨头的关节面并不大，所以活动会受到限制，与盂肱关节相比，其运动范围相去甚远。髋关节可沿 3 个轴运动：①沿冠状轴作屈、伸运动，参与运动的肌肉有臀大肌、臀中肌、股后肌、髂腰肌、股直肌、缝匠肌、耻骨肌等；②沿矢状轴做内收、外展运动，参与运动的肌肉有臀中肌、臀大肌上前部、阔筋膜张肌与缝匠肌等；③沿垂直轴做内、外旋运动，参与运动的肌肉有梨状肌、闭孔内肌、上孖肌、下孖肌、股方肌、闭孔外肌、臀大肌、内收肌上部与缝匠肌等。

1）臀部肌群的训练方法与注意要点

（1）热身准备

在开始练习之前始终要记得先调动臀部周围相关的肌肉和韧带。臀部是一个大肌肉群，不论是力量还是耐力，对于臀部的训练一定要准确充分才会达到该有的效果。如果找不到臀部发力的感觉，那么练习效果就会大打折扣，很可能最终练的不是臀部，而是大腿。

① 前后摆腿练习（图2-102）

起始姿势：左手扶住固定物，右手叉腰，垂直侧身站立在固定物旁。

方法：让自己的右侧胯微微抬起，右脚不能够触碰到地面，做前后的摆腿练习，反复15次后，换另一条腿进行练习，重复2组。

要点：动作完成过程中身体要保持直立，前后摆腿练习需要有控制地进行，不能放松地随意摆动，特别是后腿练习时不能只靠惯性摆腿完成。

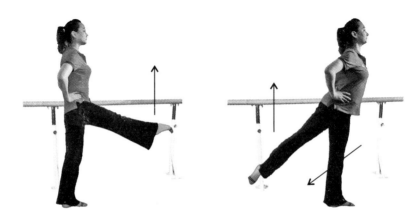

图2-102

② 侧踢腿练习（图2-103）

起始姿势：面向固定物垂直站立，两手扶住固定物，身体离固定物60 cm左右。

图2-103

方法：右脚前点地在身前，然后向右侧肩膀后进行踢腿练习，反复15次，换另一条腿进行训练，重复2组。

要点：侧踢腿的运动路线要始终保持与肩部呈一条水平线，身体要尽量直立挺拔。

③ 高抬腿练习（图2-104）

起始姿势：垂直站立。

方法：一腿向前跨出一步，另一条腿屈膝抬高直至大腿与地面平行，再将腿慢慢放下，换另一条腿重复相同的动作，直至熟悉该动作，再两腿快速交替至水平，快速练习时长30秒，重复2组。

要点：手臂自然摆动，在做该动作时要注意身体重心的上提，在熟悉动作后的加速练习中，注意不要下沉臀部。

（2）肌肉力量练习

练习的过程中始终要记得呼吸与动作的配合完成。日常练习中，在没有哑铃器械的情况下，可以使用装满水的瓶子来代替。臀部肌肉塑形训练时可以按照①～⑤的顺序，从无器械到有器械循序渐进地进行。

图 2-104

① 跪姿髋部外展（图2-105）

起始姿势：双手和双膝支撑，俯身跪撑在地面或者垫子上。

图 2-105

方法：启动臀中肌以及髋外旋肌群、臀大肌，保持腿部跪地姿态不变，做横侧拉起动作，直至大腿平行于地面，膝关节垂直于地面，停顿数秒后再有控制地回到起始姿势，换另一条腿重复以上过程。

要点：动作过程中注意维持上半身的稳定性，不要让脊柱出现屈曲的情况，让臀中肌带动动作。

次数：初级左右各每组 8~10 次，中级左右各每组 10~15 次，高级左右各每组 15~20 次。组数 3~5 组。

② 后踢腿（两种方法）（图 2-106）

起始姿势：a) 双膝跪在地垫上，双臂垂直支撑身体，右腿向后延伸点地准备。b) 单膝跪在地垫上，双臂垂直支撑身体，右腿向后水平延伸。

方法 1

方法 2

图 2-106

方法：a) 右腿向身体的方向内收，再往后踢腿，踢出腿的高度尽量向上。反复数次后换左腿按同样要求完成动作。b) 在右后腿水平延伸的基础上再往上进行踢腿练习，注意踢出的腿放下时尽量控制在水平位置，反复数次后换左腿按同样要求完成动作。

要点：两种方法练习过程中都要注意后背的挺直，不能弓背完成，踢腿幅度尽量大一些。用第一种方法练习时，膝关节可以伸直完成也可以微微弯曲，用第二种方法练习时，尽量伸直膝关节进行练习。

次数：初级每组10～12次，中级每组12～15次，高级每组15～20次。组数3～5组。

③ 哑铃左右腿交叉下蹲（图2-107）

起始姿势：自然站立，双手各拿一个哑铃，哑铃的重量可以根据自己的实际情况选择。

图 2-107

方法：将哑铃垂直放于身体两侧，膝盖微微弯曲，左腿向身体的斜后方跨出，降低身体高度，直至小腿与地面接近平行。回到起始位置，换另一侧重复以上动作。

要点：上身垂直于地面，前腿的膝关节不能超过脚尖，重心在前脚的脚后跟上。为了保证动作的规范性，后迈步的下蹲腿，小腿尽可能地与地面平行，再起身换腿进行练习。特别要注意的一点是，完成这个动作时后迈步要大一些，如果太小步就会激活腿部，使大腿受力比较大。

次数：初级左右腿各每组5～8次，中级左右腿各每组8～10次，高级左右腿各每组 10~15 次。组数 3~5 组。

④ 哑铃酒杯深蹲（图 2-108）

起始姿势：直立身体，挺胸抬头，双脚距离与肩同宽，双手拿一个哑铃放在胸前的位置。

方法：进行深蹲的动作练习，注意动作的标准性，在最低点时，保证大腿与小腿呈 90°的夹角。

要点：下蹲时双膝不要超过脚尖的位置，背部始终保持垂直。

次数：初级每组 8~10 次，中级每组 10~15 次，高级每组 15~20 次。组数 3~5 组。

图 2-108

⑤ 哑铃保加利亚单腿蹲（图 2-109）

起始姿势：准备一个固定物（注意固定物的高度不要超过胫骨粗隆，也就是膝关节下方凸出的位置，这样的高度比较适合练习）放在身体后侧，右腿在前，左腿在后，慢慢地抬起左腿搭在固定物上。

图 2-109

方法：双手各拿一个哑铃放在身体两侧。双腿的膝盖微微弯曲，做单腿深蹲的动作。回到起始姿势，换另一条腿重复以上过程。

要点：有控制地下蹲，直至前支撑腿的大腿与地面平行，后支撑腿的膝盖几乎能接触到地面，背部挺直，注意身体的稳定性。下蹲时，应感觉到后腿的髋屈肌伸展。站起时吐气，后脚跟发力，臀部往前冲，感受臀部用力。膝盖和脚尖始终保持在同一个方向，不要内扣，但可以稍微往外一点点。特别要注意的是：要选择合适的跨距，跨距越短，对大腿的股四头肌刺激越大，膝关节压力也更大；但跨距也不能太大，否则会导致弓背、腰部和臀部的疼痛。

次数：初级左右腿各每组6～8次，中级左右腿各每组8～10次，高级左右腿各每组10～15次，组数3～5组。

(3) 肌肉整理活动

练习过程中一定要集中注意力在拉伸的区域上，充分体会每一个整理动作中肌肉的延伸性，缓慢地拉伸肌肉直至快要感到疼痛，保持拉伸姿势短暂停顿10～20秒，组与组练习之间休息20～30秒。

① 鸽式拉伸（图2-110）

单腿屈膝屈髋90°于身前，后腿向后自然伸直。保持躯干的直立，慢慢俯身增加屈髋的角度，当臀部肌肉有被拉伸的感觉时在此位置停顿数秒。整个过程中保持呼吸的匀速，牵拉过程中不要憋气，同时动作要缓慢，不要拉伸得过于猛烈。左右腿交换进行练习。

图2-110

② 仰卧抱腿（图2-111）

平躺在垫子上，双腿屈髋屈膝90°。右脚架在左腿的膝盖上方，双手抱住左腿，然后缓慢地向躯干方向拉动，当臀部肌肉有被拉伸的感觉时在此位置停顿数秒。保持呼吸均匀,不要憋气,也不要拉伸过猛到疼痛得厉害,有明显的拉伸感即可。注意保持背部紧贴地面,不要随着手的拉动而离开垫子。左右腿交换进行练习。

③ 平躺(或坐立)旋转髋关节(图2-112)

图 2-111

平躺在地面上,右腿屈膝屈髋压在左腿的膝盖外侧,左手压住右腿膝盖外侧,扳向身体的左边,右手臂保持紧贴地面。头部扭向身体右侧的方向。拉伸时要注意避免整个躯干随腿部转动。

这个动作也可以坐立完成,但要更加用力向内侧拉拽膝关节。运动过程中,注意臀部不要离开垫子。左右腿交换进行练习。

平躺躯干完成　　　　　坐立躯干完成

图 2-112

④ 髋关节内旋横屈(图2-113)

坐在地面或者垫子上,背靠墙面或者保持身体的直立,右腿屈髋屈膝抬至身前,双手抱住右小腿,使右小腿平行于身体,左腿自然地平放在地面或垫子上。注意动作完成过程中,双手要扶住抬起的整个右小腿,尤其是膝关节也要扶住,这样才能拉伸到臀部肌肉。左右腿交换进行练习。

⑤ 髋关节内收(图2-114)

侧身站立,右手扶住支撑物,左手叉腰,将身体重心从靠近支撑物一侧的右腿上移开,将右腿向左腿的后方移动(内收右腿),左腿保持不动。缓慢适当地降低身体位置,微微弯曲左腿,让右腿的移动尽量向远延伸。整个过程中身体始终保持直立和稳定，呼吸均匀，不要憋气，也不要拉伸过猛到疼痛得厉害，应该感觉到整个右臀到腿外侧都有明显的拉伸感。左右腿交换进行练习。

图 2-113

图 2-114

2）矫正不美臀部的练习方法和注意要点

（1）臀部扁平或出现下垂臀现象

此现象表现为臀部肌肉松弛，连带整个臀部下垂。臀部下垂会拉低臀线，让腿看上去短一截。久坐、缺少锻炼是臀部下垂的一个重要原因。久坐造成身体气血不通，引起臀部肌肉酸痛、松垮无力，从而渐渐失去弹性。

方法：

① 动静态跪撑踢腿练习。双手与肩同宽，伸直撑地，双膝并拢，跪撑于地面或垫上，右腿向后方延伸，保持膝关节的伸展。脚尖点地，用力向上踢腿，反复数次后，右腿静止控制在与臀部一条水平线的位置上，保持数秒，再交换腿，按同样要求进行训练。

次数：每条腿动态踢腿 15～20 次 + 静态控后腿 30～45 秒，练习 2 组。

要点：练习过程中，臀部保持紧张，目视前方，支撑手与膝的跪地位置不能因为上踢腿而移动。静控时后腿的位置可以微微高于臀部水平线，但一定不能低于臀部水平线。

② 侧身卧躺举腿练习。侧身躺在垫子上，靠近地面的手臂伸直，并贴紧耳朵，

手掌心朝地面，另一手弯曲支撑在胸前。在保持身体侧方位稳定性的基础上，慢慢地抬起远离地面的那一条腿，在不转动髋关节的基础上抬至最高位，体会到臀肌的收缩感后停顿数秒，再慢慢地放下并拢双腿。反复数次后，转换到另一边。

次数：侧抬腿左右腿各每组20～30次，练习2组。

要点：每一次抬腿到最高点时，注意身体还是保持正侧卧于垫子上，停顿3～5秒后，有控制地慢慢放下，整个运动过程中注意腿部的延伸。

(2) 臀部肥大或外扩现象

此现象表现为臀部脂肪太多，臀围过大，臀部缺少立体感，赘肉朝四方扩散，臀部呈现臃肿形态。

方法：

① 推墙运动。找一面墙体，双脚并拢，双膝夹紧，双手抬起，用掌心撑在墙体上，同时保持双腿的直立紧张。尽力收缩臀部，上提臀肌保持数秒，慢慢放松，再往墙体的方向微伸展，同样保持数秒，慢慢放松，重复多次练习。

次数：上提臀部10秒+微伸展10秒，反复4次为1组，练习2～3组。

要点：练习时始终保持臀部肌肉的紧张，10秒内不能间断性地收缩臀肌，放松时再彻底松弛臀部肌肉，注意保持上身的挺拔。

② 请详细参考肌肉力量练习中的①。

③ 请详细参考肌肉力量练习中的②。

2.1.7 腿部塑形训练

俗话说，树老根先枯，人老先老腿。很多人都认为，衰老是从脸上开始，殊不知，青春是先从腿上流失的。随着年龄的增长，腿部和大脑间指令的准确性和传导速度会有所下降，默契度也会变得越来越差。日常生活中，我们任何的行动都需要运用到腿部的支撑力量，它是全身力量的源泉。所以，腿部是我们的立身之根本、身体之支柱，承载着全身的生命力，腿部的健康十分重要。腿部是由大腿、膝关节、小腿、踝关节和足部组成的。锻炼腿部的肌肉力量不仅可以提高我们的生活质量，增加我们整体的协调能力，降低我们在运动中身体受伤的概率，减轻膝关节和踝关节的损伤，还可以让我们拥有笔直修长而富有魅力的双腿。腿部的塑形练习，可以有针对性地改善和矫正不良腿形，例如"O"形腿和"X"形腿，让女性的双腿变得均匀纤细，让男性的双腿变得厚实有型。

腿部的生理结构及特点：参与腿部运动的骨有股骨、髌骨、胫骨、腓骨和足骨。大腿的肌肉分为三群，分别为前外侧群、内侧群和后群。其中前外侧群的肌肉有股四头肌（股内侧肌、股外侧肌、股直肌和股中间肌）、缝匠肌和阔筋膜张肌。内侧群有五块肌肉，分别为耻骨肌、大收肌、长收肌、短收肌和股薄肌。后群有三块肌肉，分别为股二头肌、半腱肌和半膜肌。前外侧群的功能为伸直膝关节和髋关节，内侧群的功能为内收下肢，后群的功能为后伸髋关节。小腿的肌肉也分为三群，分别为前群、外侧群和后群。前群为足的伸肌，为胫骨前肌、拇长伸肌、趾长伸肌。后群为足的屈肌，分为浅深两层，浅层为腓肠肌、比目鱼肌、跖肌，深层为腘肌、胫骨后肌、拇长屈肌、趾长屈肌。外侧群为足的外翻肌，分为腓骨长肌和腓骨短肌。

1）腿部肌群的训练方法与注意要点

（1）热身准备

在进行肌肉动作练习之前，需重视腿部肌肉群的调动和韧带牵拉活动。

起始姿势：两脚与肩同宽站立，始终保持身体的挺拔，双手自然下垂。

① 交替弓步压腿练习（图2-115）

方法：右脚向前跨出形成右前弓形步，双手举高，停顿数秒后，双手撑地放在右脚两边，撤回右腿的同时下移背部，顺势上翘臀部使身体与地面形成三角形。停顿数秒后，再换左腿向前跨出形成左前弓形步，双手举高，停顿数秒后，用同样的方法撤回左腿，反复2次。

图2-115

要点：完成弓形步时应注意上身的挺拔，双手上举垂直于地面，无限延伸；双手撑地过渡换腿时注意中间有双膝伸直的停顿间隙，然后再做换腿练习。

② 横侧弓步压腿练习（图 2-116）

方法：右腿向侧方迈出形成侧弓步，双手放在两膝上，上下起伏压腿数次后，不起身直接横弓步平移到另一侧，进行另一侧的横侧弓步压腿。压腿反复训练后也可以进阶练习：双手相握平举在胸前，做横侧弓步平移练习，激活腿部肌肉能量，反复数次。

要点：侧压腿时注意上下起伏，不要固定在一个位置上；左右平移时注意身体的稳定性，保持好自身的平衡。

进阶练习

图 2-116

③ 踢腿练习（图 2-117）

方法：保持躯干的直立，两腿伸直依次向上踢腿，右踢腿时左手臂向前延伸，右手臂横侧水平举，右腿尽量往左手的高度进行踢腿练习，反方向用一样的方法进行练习。

图 2-117

要点：运动的过程中，躯干始终保持挺拔直立，踢腿时双膝都要保持伸直的状态，不要弯曲腿部，两手呈 90°。

④ 绕膝运动（图 2-118）

方法：双手扶膝，做顺时针和逆时针的旋绕双膝练习。

要点：注意两膝并拢，绕膝运动幅度要大一些。

图 2-118

图 2-119

⑤ 绕踝练习（图 2-119）

方法：双手相握，右脚脚尖外点，右脚做绕踝关节的运动，同时双手做绕手腕的运动,反复数次后,再换只脚进行练习。

要点:注意手脚的协调,环绕关节时幅度要大一些。

⑥ 开合跳(图2-120)

方法:跳跃练习时,双腿展开的同时双手上举击掌,双腿并拢的同时双手自然放下,反复数次。

要点:注意手脚的协调运动,脚腕发力,跳跃连贯。

图 2-120

⑦ 高抬腿击掌练习(图2-121)

方法:双腿交叉高抬腿的同时,双手在抬起的腿的下方击掌。

要点:尽量抬高双腿,身体重心上提,不要像坐板凳似地跳跃。

⑧ 分腿站立前屈体练习(图2-122)

方法:两腿宽于肩膀站立,上身向前做前屈体练习。双手支撑到双腿中间,停顿数秒后,再慢慢地往右脚的位置进行移动。双手抱住右脚踝,停顿数秒后,再慢慢地往左脚的位置进行移动。双手抱住左脚踝,停顿

图 2-121

数秒后还原。

要求：双膝始终保持伸直状态，身体尽量靠近腿部，注意呼吸配合如下动作。

图 2-122

配合节奏，组合完成如下动作。

第一组动作：交替弓步压腿，练习8个八拍。

[1] 1—2 右前跨步形成弓步、3—4 双手上举、5—8 弓步压腿。

[2] 1—2 双手撑地放在右脚两边、3—4 右腿后撤双腿并拢、5—8 保持三角形姿势。

[3] 1—2 左前跨步形成弓步、3—4 双手上举、5—8 弓步压腿。

[4] 1—2 双手撑地放在左脚两边、3—4 左腿后撤双腿并拢、5—8 保持三角形姿势。

[5—8] 重复一遍。

第二组动作：横侧弓步压腿，练习8个八拍。

[1] 1—8 右侧弓步压腿。

[2] 1—8 左侧弓步压腿。

[3] 1—8 右侧弓步压腿。

[4] 1—8 左侧弓步压腿。

[5] 1—4 平移到右侧弓步压腿、5—8 双手相握平举在胸前。

[6] 1—2 平移到左侧、3—4 平移到右侧、5—6 平移到左侧、7—8 平移到右侧。

[7—8] 重复动作 [6]。

第三组动作：踢腿，练习8个八拍。

[1] 1—4 迈步左腿、脚尖点地，5—8 右手前平举、左手侧平举。

[2—4] 2 拍一次踢腿练习。

[5] 1—4 迈步右腿、脚尖点地，5—8 左手前平举、右手侧平举。

[6—8] 2 拍一次踢腿练习。

第四组动作：绕膝和绕踝，练习 8 个八拍。

[1] 顺时针绕膝练习（2 拍一圈）。

[2] 逆时针绕膝练习（2 拍一圈）。

[3] 重复动作 [1]。

[4] 重复动作 [2]。

[5—6] 右脚点地，绕踝关节和手腕练习（2 拍一圈）。

[7—8] 左脚点地，绕踝关节和手腕练习（2 拍一圈）。

第五组动作：开合跳和高抬腿击掌，练习 8 个八拍。

[1—2] 开合跳，1—2 分腿击掌、3—4 并腿手臂放下（2 拍一动），反复 2 个八拍。

[3—4] 高抬腿击掌，1—2 右腿、3—4 左腿（2 拍一动），反复 2 个八拍。

[5—6] 重复动作 [1—2]。

[7—8] 重复动作 [3—4]。

第六组动作：分腿站立前屈体，练习 8 个八拍。

[1] 1—4 分腿站立，两手打开侧平举；5—8 上身前屈 90°。

[2] 1—4 保持身体 90°姿势；5—8 呼气，身体向下运动到体前屈，双手撑地。

[3] 保持站立体前屈姿势 1 个八拍。

[4] 1—4 慢慢手部向右脚移动，5—8 抱住右脚踝关节。

[5] 保持以上姿势 1 个八拍。

[6] 1—4 慢慢手部向左脚移动，5—8 抱住左脚踝关节。

[7] 保持以上姿势 1 个八拍。

[8] 1—4 慢慢手部回到两腿中间，5—8 双手夹住耳朵拉起上半身。

（2）肌肉力量练习

增强腿部肌肉能力，可以提高身体的稳定性和协调性，有效减少运动中受伤的概率。练习的过程中始终要记得呼吸与动作的配合完成。日常练习中，在没有哑铃器械的情况下，可以使用装满水的瓶子或比较厚的书本来代替。

① 股四头肌和臀大肌的训练

a）下蹲练习

下蹲练习主要是以髋、膝、踝等下肢三大关节进行的运动，下肢所有的肌肉几乎都要参与其中，主要的参与肌肉是股四头肌和臀大肌。因此练习下蹲动作可以有效提升我们的下肢力量，同时下蹲还可以作为身体功能评估的动作。正确的下蹲动作需要良好的下肢灵活性和稳定性、身体姿势的控制能力、骨盆核心的稳定性，该动作可以快速地评估出髋、膝、踝关节的活动度以及稳定性。

最初进行下蹲练习时先以无负重下蹲练习为主，也就是利用自身的重量进行练习。

起始姿势：身体呈站立姿势，两脚略宽于肩膀，目视前方，头部保持中立位。胸部挺立，肩胛骨收缩、下降，躯干保持稳定，做到"挺胸收腹"。

方法：蹲下时垂于体侧的两手慢慢正平举到肩的高度，下蹲过程中注意保持头部、胸部、躯干的稳定，上半身相比直立略有前倾。吸气屈膝，有控制地慢慢下蹲，直至大腿与地面平行，屏住呼吸停顿数秒，呼气，慢慢站起（图2-123）。

图 2-123

有一定运动训练基础的人或者是练习过一段时间的无负重下蹲以后，可以采用负重下蹲的方式进行训练。

起始姿势：与无负重站立的姿势一样，双手抓握哑铃自然垂放在身体两侧。

方法：可以和无负重时手臂的运动轨迹一样，做手臂平举动作，也可以保持哑铃垂于身侧（图2-124）。

图 2-124

下蹲练习中，蹲的深度通常有三个：下蹲45°，也可称为四分之三蹲；下蹲至大腿比地面略高或与地面平行，一般称为半蹲；下蹲至大腿低于水平面。不同的下蹲幅度对肌肉的刺激不同，较浅的下蹲主要以膝关节作为主导，对股四头肌的刺激大于对臀部肌肉的刺激，而蹲至与地面平行或略低于水平面的位置时，膝关节和髋关节都处于相对较大的屈曲位置，故是由髋关节和膝关节共同主导，对股四头肌刺激的同时也给臀部带来了较大的刺激感。一般我们推荐大家练习的方法是以半蹲为主（图2-125）。

图 2-125

要点：无论是无负重还是负重下蹲练习，都应以流畅协调的动作先屈髋，再屈膝、屈踝完成下蹲。下蹲的过程要感觉像坐凳子一样，先屈髋让臀部向后寻找凳子，然后有控制地缓慢蹲下来。常见的错误是在下蹲时低头、弯腰、弓背，膝关节内扣，膝关节过度前移超过脚尖，脚后跟离地（在负重时可以在脚跟处放置适当的材料作为下蹲支撑，厚度不超过 2.5 cm），以过低的蹲姿结束动作练习。

次数：无负重练习，初级 10～15 次，中级 15～20 次；负重练习，初级 10～12 次，中级 12～15 次；杠铃负重练习，初级 5～8 次，中级 8～12 次，高级可以适当增加杠铃的重量。组数 2～4 组。

b）登阶练习（图 2-126）

起始姿势：双手叉腰站在台阶前，将一只脚置于台阶上，台阶的高度应该稍低于膝盖的高度。

方法：吸气，只使用置于台阶上的左脚的力量站起来，并腿在台阶上，保持后背垂直，呼气，左脚下台阶，右腿注意动作的控制。以上动作重复数次后，再换右脚先起步进行练习。

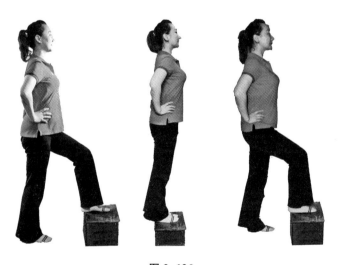

图 2-126

要点：在整个练习过程中，可通过收腹和后背的自然挺起使上半身一直保持挺立状态。不能利用小腿肌群的力量站上台阶，不能在还未站上台阶时就准备下台阶，动作要做完整，在踏上台阶或返回地面后，都要暂停一下，以重新获得平衡并为下一个动作做准备。如果动作太匆忙就很危险，很可能导致受伤。只有确定下半身肌肉有了足够的力量时，才可以增加负重。从小级别重量开始，适应后，再逐渐增加重量。

次数：无负重练习，初级 10～12 次，中级 12～15 次；哑铃负重练习（更好地保持身体的平衡），初级 8～10 次，中级 10～12 次；增加难度的练习，左脚完成上台阶，右脚完成下台阶，始终运用左腿的力量上下台阶，所以完成难度更大（右腿亦可）。

c) 箭步蹲练习

起始姿势：垂直站立，双脚与肩同宽，双手抓握住哑铃自然垂放在身体两侧。

方法：右脚向前迈出一大步，使人体重心落在前腿的同时后腿膝盖朝地面弯曲。挺胸，目视前方，保持身体的平衡。前膝不超过脚尖，后膝不碰到地面。左右腿交叉，前进后退练习，迈步时吸气，退步时呼气（图 2-127）。

图 2-127

要点：这项练习需要身体有良好的协调和平衡能力，身体下蹲时背部要保持直立，不能弓背。

次数：初级（双手背于身后进行无负重练习）10～15 次，中级（两手抓握哑铃）10～12 次。高级有三种训练方式：

行走中完成箭步蹲动作。练习强度高于原地基本式的箭步蹲，要确保身体的平衡。

侧式箭步蹲。起始姿势、结束姿势和原地动作一样，只是在运动轨迹上进行侧方向运动，身体往侧面大幅度移动重心，形成侧弓步，再收腿回到正中位置，左右交换练习。这个动作需要练习者有更好的身体协调性（图2-128）。

图 2-128

斜向后撤箭步蹲。双脚打开比肩略宽，腰背部挺直，臀部核心收紧，双臂侧平举，保持身体稳定，向身体后方斜内侧迈出一条腿并顺势下蹲，至双腿的大腿和小腿垂直后起身还原，然后再做另一侧。这个动作需要练习者保持背部挺直，注意膝盖与脚尖方向一致，下蹲时后侧膝盖不要着地（图2-129）。

图 2-129

② 小腿肌群的训练

a）站姿提踵（图2-130）

起始姿势：两脚并拢，垂直站立，两脚的前脚掌站在台阶边沿，脚后跟悬空。

方法：尽可能低地放下脚后跟，直至感觉小腿肌肉已经得到最大程度的拉伸。在动作的最低点，用脚趾向上撑起身体，一直到完全踮起脚尖为止，接着放下脚后跟，反复数次。向下时吸气，上立踵时呼气，保持稳定的运动节奏。

双脚并拢练习　　　　　单脚加难练习

图 2-130

要点：在整个运动过程中，在上提踵到最顶端时，紧缩小腿肌肉；放下脚跟时一定要尽可能的低；当下放到底时不要停顿，马上上提。这个动作只有在最顶部才需要停顿做顶峰收缩。整个动作过程都应该有控制缓慢地完成，而不要像弹跳一样用弹力来完成每次的反复。双脚踩在台阶上的面积越多（脚后跟悬空得越少），做这个动作的难度就越低。

次数：无负重练习，初级 10～15 次，中级 15～20 次。抓握杠铃进行负重提踵练习，根据重量调整练习次数。组数 3～5 组。还可以对动作增加难度，单腿提踵，抬起一只脚放置于另一只脚的后方，先用一只脚站立提踵练习 5 次，再换脚练习 5 次，每只脚重复 15 次。

b) 脚尖半蹲式（图 2-131）

起始姿势：垂直站立，双脚略宽于肩膀，脚尖朝着正前方，双手自然垂放在身体两侧。

方法：缓慢蹲下，垂于体侧的两只手慢慢正平举到肩的高度。半蹲过程中注意保持头部、胸部、躯干的稳定，上半身相比直立略有前倾。吸气屈膝，有控制地慢慢下蹲的同时将脚尖立起，脚后跟离地，直至大腿与地面平行，脚后跟抬到最高，能够感受到小腿轻微抖动的感觉，保持此姿势停顿数秒，呼气，慢慢蹲起。

要点：下蹲时不要低头、弯腰弓背，两眼需直视前方，保持下蹲身体的稳定

图 2-131

性。立踵时脚尖与膝关节方向保持一致，膝关节不能内扣也不能外展，否则会引起关节的损伤。

次数：这个动作相对来说难度较大，必须有很好的肌肉控制能力才能正确完成。初级，半蹲停顿 5 秒，缓慢蹲起；中级，半蹲停顿 5~10 秒，缓慢蹲起，反复练习 5~8 次；高级，半蹲停顿保持 20 秒以上，是否反复练习根据自身练习情况来决定。

③ 内收短肌、内收长肌、内收大肌、内收小肌的训练

a）站姿内收腿（图 2-132）

起始姿势：右手扶住固定物，保持侧身挺拔站立，躯干保持固定，将右腿放于左腿前。

方法：吸气，右腿内夹垂直向上提至最高点，略微停顿，再呼气放下右腿至略高于起始点的位置，反复数次后，转身换左腿进行练习。

要点：整个动作过程需要匀速地进行，不能出现摆腿现象以获得上提的动力，右腿上提后再放下时不能触碰地面，要控制在略高于起始点的位置上。

次数：初级 15~20 次，中级 20~25 次，要增加练习的难度，可以在脚踝处系一重物，也可以使用弹力带进行练习：一头绑定在固定物上，另一头绑在脚踝处，按照动作要求进行加重训练。

图 2-132

b) 仰卧分腿（图 2-133）

起始姿势：平躺在垫子上，双腿伸直并拢抬起至 90°，后背和臀部着地，双手放在身体的两侧，保持身体的稳定。

方法：双腿同时展开至尽量宽的位置，再慢慢夹紧双腿至并拢状态。

图 2-133

要点：动作练习过程中，注意动作要匀速缓慢，充分感受双腿内侧肌肉的收紧。

次数：初级 15~20 次，中级 20~25 次。要增加练习的难度，可以在脚踝处系一重物，也可以使用两条弹力带进行练习：一头绑在固定物上，一头绑在脚踝处，按照动作要求进行抗阻训练。

(3) 肌肉整理活动

练习过程中一定要集中注意力在拉伸的区域上，充分体会每一个整理动作中肌肉的延伸性，缓慢地拉伸肌肉直至快要感到疼痛，保持拉伸姿势做 10～20 秒的停顿，组与组练习之间休息 20～30 秒。

① 股四头肌的伸展

a) 垂直站立，手扶支撑物或者单手臂夹紧耳朵上举至头顶上方，以保持身体的平衡稳定。单腿向后屈膝，小腿抬起，同侧手抓住脚背及足内侧。将脚跟尽量向大腿和臀部方向拉，充分感受股四头肌的牵拉感。练习时需注意髋部不能屈，大腿可适当向后伸，躯干保持垂直，左右交替进行伸展练习（图 2-134）。

b) 侧卧姿势，用与 a) 站立牵拉同样的牵拉方式进行练习，但要记得屈膝必须和伸髋配合完成，否则股四头肌中的股直肌无法彻底得到拉伸。手抓住脚背拉到臀后时不能只拉到臀部一侧，否则会导致膝部旋转，引起膝关节韧带不必要的牵拉，保持牵拉姿势数秒后，换另一条腿进行伸展练习（图 2-135）。

图 2-134

图 2-135

c) 跪姿，一只脚踩在地面上，膝部自然弯曲，与脚处于同一垂直线上，膝关节不要超过脚尖，另一条腿向后。以膝关节作为支撑点，手拉住后腿的脚踝，向臀部牵拉，同时骨盆压向前方和下方。因为股直肌跨过两个关节，所以充分的伸髋和屈膝的结合牵拉股四头肌的效果十分显著（图 2-136）。

图 2-136　　　　　　　　　图 2-137

d) 跪姿，臀部坐在脚跟上，伸展髋部，上半身有控制地慢慢向后躺，双膝尽量并拢，在双膝紧贴地面的同时身体尽可能后躺，充分拉伸股四头肌（图 2-137）。

② 腘绳肌、腓肠肌、比目鱼肌的肌肉伸展

a) 站立，一腿微屈，另一条腿向正前方伸直，脚跟着地，充分上勾脚踝。膝关节必须完全伸直，才能达到拉伸的效果。躯干延伸，头部在脊柱的延长线上（图 2-138）。

图 2-138　　　　　　　　　图 2-139

b) 单腿架高拉伸。找一处比胯部高的支撑物，将一条腿尽可能高地放在支撑物上，双膝伸直，屈髋，直到感受到大腿后侧肌肉的牵拉，同时支撑脚要保持向前（图 2-139）。

c) 坐姿，双腿并拢向前伸展，上勾双脚踝，膝部完全伸直，髋部用力屈，直到充分感受到大腿后侧肌肉的张力。躯干不能通过弯曲来达到身体靠近大腿的目的，正确的做法是单纯的屈髋，同时，双膝必须保持延伸状态，不能弯曲，否则会大大减少拉伸的效果。若要加难练习，可双腿交叉垂直站立，屈髋，双手抱住踝关节，双膝尽量伸直，上半身尽可能地贴紧双腿，注意身体平衡的保持，练习者需要有一定的运动经验才能完成这个动作（图2-140）。

图2-140

d) 弓步小腿拉伸。站立姿势，双手扶住支撑物，一条腿向后伸，脚尖朝着正前方，膝部延伸，脚掌完全踩住地面，前面一条腿微微半屈，支撑自身重量。这样的拉伸姿势张力会集中在腓肠肌上（图2-141）。

图2-141　　　　　　　　图2-142

e) 半蹲拉伸。站立姿势，双手扶住支撑物，一条腿向后伸，膝关节微微弯曲，脚尖朝着正前方，脚后跟逐渐踩住地面，让张力集中在比目鱼肌上。前一条腿也要保持微微半屈的状态，支撑自身重量（图 2-142）。

f) 坐姿直膝足部上勾。坐在地上，一条腿弯曲，膝部平放在地面上，脚跟贴住另一条腿的大腿内侧。另一条腿向正前方伸直，上勾足部。上身慢慢向前，用双手抱住上勾的足部，这时头部和脊柱应该保持在一条直线上，不能弯曲上半身，这样会降低拉伸的效果。进阶加难练习，保持坐姿动作，一条腿同样弯曲，膝部平放在地面上，另一条腿膝关节保持延伸，双手抱住踝关节尽力向身体靠近，上半身同样要求头部和脊柱保持在一条直线上，这样才能达到充分拉伸的效果（图 2-143）。

图 2-143　　　　　　　　　图 2-144

③ 收肌、腘绳肌、股二头肌的伸展

a) 站立状态，慢慢将两腿前后竖直分开，直至一边髋部充分伸展，一边髋部前屈。牵拉过程中双膝充分延伸，后腿可以微微弯曲。最终伸展姿势保持前脚脚后跟着地，后脚掌内侧着地。这个动作对于初学者来说完成起来比较困难，需经过一段时间训练，慢慢提高下肢肌肉的柔韧性。拉伸的最大程度是能够坐在地面上，获得最充分的拉伸感（图 2-144）。

b) 坐姿，两腿尽力分开，双膝保持伸直，脚跟着地。上半身慢慢俯下，向双腿之间的地面靠近。这个动作可以有效拉伸收肌，同时髋部伸肌也能得到更多的拉伸。完成过程中不要依靠弓背来让身体向前，而是缓慢移动双腿使之尽量分开（图 2-145）。

图 2-145

c) 跪姿髋关节外展。手和膝部着地，髋部充分打开，双膝分开，尽力让骨盆贴紧地面。当骨盆下降到最低点时，采用肘关节支撑的方式，这样可以有效防止背部弯曲，出现驼背的姿势（图 2-146）。

图 2-146

d) 坐姿髋关节外展。双膝弯曲，双腿打开，双脚放在体前，两脚掌相对，脚跟尽力贴紧骨盆，双手放置在双膝上有控制地慢慢向下施力，充分拉伸长收肌和大收肌。进阶加难训练，在双膝能够触碰地面的情况下，上半身慢慢向前俯趴，双手感觉无限延长远伸，后背尽力保持伸展，不要驼背，这样才能加强肌肉拉伸的感觉（图 2-147）。

图 2-147

④ 胫骨前肌的伸展

坐姿状态，将一条腿弯曲放在另一条腿上，一只手抓握住上方腿整个脚部和脚趾并向身体的方向压，同时用手上拉脚的内侧，拉力感会分布在小腿前侧（图 2-148）。

图 2-148

2）矫正不美腿部的练习方法和注意要点

（1）"X" 形腿

"X" 形腿表现为腿形看上去很像是字母 X，有很明显的腿形特征，主要体现在站立的状态下两膝盖能够并拢，但是两脚跟却无法并拢，在走路的时候还会出现两膝互碰的步态。"X" 形腿对膝关节的健康有非常大的影响。在日常生活中，膝关节的任务繁重，在人体所有的关节中，膝关节劳损和运动伤发病率都排在首位。"X" 形腿的人不仅会比平常人磨损裤子的概率高得多，跑步的速度也会受一定的影响，长期不断的关节摩擦还会使髌骨产生损伤。

方法：

① 踢毽子。用脚内侧踢毽子，左右脚交换踢。

次数：左右各踢 20～30 个，重复 3～4 组。

要点：踢毽子时两眼应注视毽子而不要看脚，要注意随时调整身体的重心，务求毽子直上直落。必须左右动作交换练习，以促进身体平衡，塑造完美腿形。

② 平躺踢毽子。双腿与肩同宽弯曲，双脚踩在垫子上，双手自然放在体侧。臀部用力向上顶起，完成臀桥动作，在身体核心稳定的情况下，抬起一条腿做踢毽子的动作，反复数次，再换一条腿完成动作。

次数：左右各踢 15～20 个。组数 3～4 组。

要点：臀桥动作要注意双膝、髋、肩呈一条直线，臀部、腹部收紧。踢毽子动作完成时要注意臀部不能下塌，一定要保持收紧向上顶起的状态。

③ 两腿屈膝坐地，双膝打开，脚掌相对，两臂弯曲，两手扶在双膝内侧向下慢慢按压，直至双膝最大限度分开。

次数：至最大限度保持 5～10 秒，还原，重复 15～20 次。

要点：缓慢有控制地按压双膝，并且在双膝最大限度打开时保持下压姿势停顿5秒以上。

(2) "O" 形腿

"O" 形腿医学上称"膝内翻"，俗称"罗圈腿"，表现为下肢自然伸直或站立时，膝关节向外突出，两小腿向内弯曲，两足内踝能相碰而两膝不能靠拢。缺钙和遗传是"O"形腿形成的两个基础，但更直接的还是平时不正确的身体姿态以及运动导致的。走路外八字脚、长时间单足站立、长期穿高跟鞋、跷二郎腿等，都会过度牵拉膝关节外侧副韧带，造成膝关节外侧副韧带的疲劳性松弛，从而形成和加重"O"形腿的形态。而一旦形成膝内翻之后，不仅仅影响腿部形态的美观，还会让身体更多的重量落在膝关节内侧，使膝关节内侧的软骨面产生磨损，从而导致内侧压力的增大，内、外侧关节面的受力不均，会加大膝关节受伤的风险。

方法：

① 站姿，在双腿中间夹一物体，可以是书本、矿泉水、毛巾等，自然站立，保持骨盆中正。双肩下沉，收紧肩胛骨，微收下巴，收紧腹部和臀部肌肉。大脚趾用力踩紧地面，缓慢进行半蹲，时刻保持脊柱直立向上延伸，如果找不准这个感觉，可以想象有一根线从头顶偏后一点的位置提着脊柱往上，而不是整个头往上顶。在蹲的过程中，臀部向后向下，不要撅着屁股，腰部保持挺直，不要塌腰。

次数：每组 12～15 次，组数 3～4 组。

要点：在动作完成过程中始终要记得膝盖向外侧发力，大腿向内侧发力夹紧物体，让大腿和膝盖形成对抗力，直到腿部有发酸的感觉。

② 平躺在地垫上，双腿弯曲，两膝夹紧，大腿与小腿呈 90°，臀部慢慢抬起，使身体与大腿呈一条直线。

次数：每一次顶起保持姿势 10～15 秒，重复 15～20 次。

要点：双膝始终保持夹紧状态，充分感受内侧膝关节肌肉的收缩。

③ 侧卧，手肘支撑呈 90°，外侧腿 90° 弯曲，脚踩放在贴紧地面的伸腿髋部的前方，缓慢抬起伸直的那一条腿，勾脚向内呈 90°。

次数：每组 15～20 次，组数 3～4 组。

要点：感受大腿内侧肌肉的用力，动作注意匀速完成。

(3) 腿形偏粗

腿形偏粗表现为大腿和小腿的围度相对于全身比例过大。腿的粗细是由腿部肌肉体积的大小和脂肪的多少来决定的。腿部肌肉的体积大，脂肪多，双腿就会变粗。人体的肌肉是由无数纤维组成。肌纤维主要分为快肌纤维和慢肌纤维。快速力量性的健美锻炼，例如短跑或举重项目主要是快肌纤维参加工作，长期训练后可以使肌纤维的横断面增粗，从而使肌肉群变得发达和粗壮。而游泳、骑自行车和长跑等耐力性运动，主要是慢肌纤维参加工作，由于慢肌纤维周围毛细血管较为丰富，氧化脂肪的能力较强，收缩时能消耗较多的脂肪，所以要想使偏粗壮的腿部形态变得纤细，就需要经常从事长时间的耐力训练，这样两腿和体形就会变得修长而匀称。

方法：

① 慢跑：每天坚持跑步 30 分钟。

要点：有氧运动开始的前 30 分钟时间里，糖分的消耗是大于脂肪，也即糖供能比例大于脂肪，而在过了 30 分钟后，糖与脂肪的供能比例形成交叉，脂肪的供能比例增加，糖供能比例下降。所以，跑步时长尽量坚持到 30 分钟，这样运用跑步进行燃烧脂肪的效率才最佳。不过对于刚尝试跑步的人来说，完成 30 分钟的慢跑还是比较有压力。由于个人体质的不同，长时间跑步时人可能会感到呼吸不畅、身体疲惫、四肢酸软等，所以一开始进行长时间慢跑练习时不要勉强自己，根据个人情况量力而行，可以跑步与快走搭配进行，再循序渐进地增加时间，直至跑完 30 分钟，甚至是更长时间。

② 俯撑位准备，进行俯身臀推的动作。手臂和膝关节支撑在垫子上，保持背部挺直，大腿垂直地面。动作开始时，单脚向后向天花板方向发力，充分伸展，再收回腿部直至膝关节贴到胸口。完成一侧练习，再换另一侧腿进行训练。

次数：每条腿分别完成 15～20 次，组数 3～4 组。

要点：背部始终保持延伸，上抬腿时注意臀部的收紧，动作速度不要太快，缓慢匀速地进行。

一定要重视运动后的拉伸。很多人运动锻炼后都会有一个疑问，为什么越锻炼双腿反而越粗壮？这是由不重视运动后的拉伸所致。运动后肌肉在收缩力的作用下比较紧张，还有许多的结缔组织随着收缩粘黏在一起，造成肌肉的疲劳，使肌肉变得僵硬，时间一长，大腿就会出现越练习越显得粗壮的现象。拉伸运动使腿部的肌肉线条拉长，肌肉的横向面积缩小，大腿整体就会变瘦。在前面的肌肉力量练习里有完整的拉伸动作介绍，这些动作都可以作为改变粗壮腿形的训练。

(4) 腿形偏细

腿形偏细表现为腿部太过于纤细，俗称"筷子腿"，即小腿和大腿的围度相差并不大，大腿、小腿连接在一起，像一个贯穿而下的圆柱体，远看的时候就像两根筷子一样。太细的腿会让人显得头重脚轻，腿部肌肉太少不仅不美观，也会带来很多健康风险。

方法：参考腿部肌肉力量练习，选择适合自己的项目进行轻负重训练，增强腿部肌纤维的韧性，加快塑形腿部。

2.2 塑造形体气质综合练习

人体的健康美强调在健康身体的基础上所表现出来的良好的精神状态，比我们平时一般理解的身体健康有了更高的目标和追求。形体练习是运用特殊的训练手段来提高肌肉的弹性、关节的灵活性和韧带的伸展性，进而改变和调整人的原始体态，纠正不良身体姿态，突显身体形态之美。

所谓气质是指人相对稳定的个性特点，是高级神经活动在人的行动上的表现。换言之，气质是一个人外在美与内在美的综合表现，是精神面貌、言谈举止的具体表现。形体训练是培养良好气质的重要途径。运用科学的形体锻炼方法，通过形体动作的反复练习，不仅可以强健身体、优化姿态、塑造体形，让人的肢体动作更加优美、帅气，肢体配合更加协调、得体，还能够改善错误的坐、站、行等行为习惯，在优雅的形体动作练习中学会优美地坐、正确地站、挺拔地行，让学习者的动作和姿态变得更为漂亮，形体和气质得到全面改善。

2.2.1 优雅的站姿

站立是人们日常生活中最基本的行为举止。站姿是以静为造型的动作，同时又是其他动态身体造型的基础和起点。在社会交际中，一个人没有开口说话之

前,站姿便表现了其内在的精神,站立姿势是一个人全部仪态的核心。一个人无论有多出众的容貌、多标准的身材、多得体的着装,如果站姿达不到标准,那么其他姿势便也体现不出什么赏心悦目,优雅气质更是无从谈起。古人云"站如松",突出了人站立时动作姿态需像青松一般端庄挺拔。正确优雅的站姿所散发出的静态美会给人带来一种挺拔俊美、精力充沛、自信进取的感觉。在人群中,优雅的站姿就是最合身的盛装,男士站姿要体现出阳刚之气,女士站姿要体现出秀雅优美。

正确的站立姿态还可以有效平衡人体全身肌肉的张力。躯体站立时,虽然看不见肌肉的明显收缩,但身体前后的肌肉需保持一定的张力,才能维持站立的姿势和身体稳定。所以,良好的站姿不仅可以提升个人优美气质,更能够使身体各部分肌肉形状得到平衡发展,使人体五脏六腑保持正常的位置,充分发挥其功能。只有维持了人体正常的生理机能,才能保证身体的健康与美丽。

标准的站立姿势要求抬头、挺胸、收腹、提臀、双目平视、下颌微收、两肩平齐、双臂自然下垂、双腿靠拢、脚尖张开约60°,身体重心落于两腿正中;从侧面看,耳朵、肩膀、上肢和下肢应在同一条线上,从而形成身体的垂直线。脊柱呈正常的生理曲线时,脊柱吸收的外力会径直穿过每节椎骨和椎间盘。

1) 有效训练方法

优雅的站姿可以通过学习和训练而获得。在日常生活中,利用空闲时间练习20~30分钟,塑形效果会非常明显。

(1) 贴墙直立法——九点靠墙法(图2-149)

动作要领:身体背靠墙直立,后背紧贴墙壁,后脑勺、双肩、腰、臀部、小腿及脚后跟与墙壁间的距离尽可能地缩小,让头、肩、臀、腿呈一条直线。女士要求脚跟并拢,脚尖分开不超过45°,两膝并拢;男士可双脚分开站立与肩同宽。

注意要点:立腰、收腹,使腹部肌肉有紧绷的感觉;收紧臀肌,使臀部肌肉有上提的感觉;背部肌肉也同时紧压脊椎骨,感觉整个身体在向上延伸。女士练习中如果双膝无法并拢,可以持续努力收紧臀肌,经过不断地训练会使双腿间的缝隙逐步减小,最终拥有修长笔直的双腿。

图 2-149　　　　　图 2-150　　　　　图 2-151

（2）头顶书本法（图 2-150）

动作要领：练习者按照标准站立姿势站好后，头顶上方放一本书，努力保持身体的稳定性，不要让书掉下来。

注意要点——为了保持书的稳定性，就必须挺直脖子、收紧下巴、挺胸挺腰，增强头部的控制能力。

（3）形体动作综合练习

动作要领：配乐完成，组合动作分为脚下站姿动作和手上舞姿动作，两者配合进行身体协调性训练，综合塑造优雅站姿。

① 小八字步站立组合（图 2-151）

脚下站姿技术要领：两手叉腰，双眼平视，双肩自然下沉，肩胛骨内收，脖颈向上延伸，收紧腹部，夹紧臀部，两腿保持内夹用力并伸直膝关节，脚跟并拢，两脚尖展开 45°～60°。

手上舞姿技术要领（图 2-152）：

芭蕾一位手——双手自然下垂，胳膊肘和手腕处稍圆。手臂与手呈椭圆形，掌心向内放在体前，双手中指相对，并留有一拳的距离。

芭蕾二位手——双手保持椭圆形，上抬至横膈膜的高度（上半身的中部，腰以上、胸以下的位置），掌心向内。上抬手动作过程中，要注意保持胳膊肘和手指这

一位手　　二位手　　三位手　　四位手　　五位手

六位手　　七位手　　呼吸远伸　　收回一位手

图 2-152

两个支撑点的稳定。

芭蕾三位手——在二位手的基础上继续上抬，放在额头的前上方，不要过分地向后摆，三位手就像是把头放在椭圆形的框子里，掌心向下。

芭蕾四位手——左手臂在三位手的位置上，右手臂保持弧形下降到二位手的位置。

芭蕾五位手——停留在三位手的手臂仍保持不动，下降至二位手的手臂向外伸展出去到正旁稍靠前的位置，肘关节向上抬起，手心朝向另一侧的斜前，从肩到手指略有一点坡度。

芭蕾六位手——已打开的手臂保持不动，左手臂从三位手的位置下降到二位手的位置。

芭蕾七位手——已打开的手臂保持不动,下降到二位手的手臂向外伸展出去到正旁,此时双臂都到了身体两侧,要严防肘关节下坠,感觉像围抱一棵大树一样。

结束——双手从七位手(手心朝前)画一个小半圈,手心朝下,向两边伸长,胳膊肘先弯曲下垂,再逐渐收回到一位手的位置。

配合节奏,组合完成如下动作(图2-153)。

图 2-153

[1—2] 双手叉腰小八字步站立，2个八拍。

[3—4] 双臂自然下垂到一位手的位置。

[5] 1—4 双手上抬至二位手、5—8 双手上抬至三位手。

[6] 1—4 右手下降至四位手、5—8 打开至五位手。

[7] 1—4 左手下降至六位手、5—8 打开至七位手。

[8] 1—4 结束双手从七位手（手心朝前）画一个小半圈，手心朝下，两臂延伸；5—8 胳膊肘先弯曲下垂，逐渐收回到一位手的位置。

② 小八字步起踵组合

脚下站姿技术要领：在小八字步站姿的基础上，两脚跟和脚掌中部依次向上提起，身体重心保持稳定，垂直向上立踵至最高点，直至重心在两脚掌上。全身肌肉收紧，收腹立腰，双腿内夹，收缩臀肌，向上提臀，保持身体重心的稳定，不要晃动。

手上舞姿技术要领：芭蕾手位。

配合节奏，组合完成如下动作（图2-154）。

[1] 双手叉腰小八字步站立，1个八拍。

[2—3] 保持重心的稳定性，两脚跟慢慢立踵，2个八拍。

[4—6] 1—2 放下脚跟、3—4 立踵、5—6 放下脚跟、7—8 立踵。

[7] 1—2 双手手臂下垂到芭蕾一位手；3—4 双手打开至体侧水平位置，两手充分延伸；5—8 上抬至芭蕾三位手。

[8] 1—4 双手手心翻转，双臂向两侧斜上45°展开；5—6 双手收回至芭蕾一位手；7—8 慢慢放下脚后跟至小八字步站姿动作。

2）站姿礼仪

商务人员根据场合的不同，在基本站姿的基础上可以变化出前搭手站姿、后搭手站姿和持物站姿等不同姿态。

（1）女士前搭手站姿：小八字步站立或丁字步站立（左脚脚跟靠近右脚中部），身体重心平均置于两脚上，收腹立腰，头顶上悬，肩部下沉，双手相搭（右手在上）放置于腹前。

（2）男士后搭手站姿：两脚平行开立，脚尖呈"V"字形，不能超过肩宽，挺胸立腰，下颌微收，双目平视，双手在身后交叉，右手搭在左手上，贴在臀部。

1×8　　　2×8　　　3×8（立踵和放下2拍一转换）

1—2　　　3—4　　　5—8　　　1—4　　　5—6　　　7—8

图 2-154

（3）女士持文件夹站姿：身体立直，双目平视，下颌微收，提髋立腰，吸腹收臀，两脚尖展开，右脚脚跟靠近左脚中部，重心放置于两脚上，手持文件夹。

（4）男士提公文包站姿：双目平视，下颌微收，挺胸收腹、立腰拔背，两脚分开，一手提公文包，一手置于体侧。

2.2.2　正确的坐姿

现在人们的生活水平越来越高，随之而来的工作压力越来越大，生活节奏变得越来越快。电脑、手机、平板等高科技的发展给现代人的工作与生活带来了很多便利，但也导致大部分人从事电脑案头工作的时间日趋延长。不正确的坐姿或久坐不起，就会导致颈肩酸痛、手指麻木、腰背疼痛等症状，最终腰椎病等问题接踵而来。

坐姿也是形体体态美的主要内容之一。坐姿是一种可以维持较长时间的工作劳动姿势，也是一种主要的休息姿势，更是人们在社交和娱乐中的主要身体姿势。古人云：立如松，行如风，坐如钟。正确良好的坐姿，不仅有利于身体健康，还能塑造沉着、端庄、冷静的个人形象。在日常社交活动中，会给人留下文雅稳重、自然大方的第一印象，是展现自身气质和风度的重要形式。

标准的坐姿要求下巴和头收回落于肩上，肩胛骨向后收缩的同时微微外旋让胸打开，肩胛骨下沉，尽量将锁骨拉平呈一条直线。身体端正舒展，重心垂直向下或微微前倾，腰背挺立，腹部保持一定程度的收紧来维持脊柱的姿势。双脚落于膝盖正前方，双膝和双脚都朝向正前方。在社交活动中，臀部落座以坐满椅子的三分之二为准，尽量不要靠在椅背上。女士双膝自然并拢，双手合握置于两腿间；男士双膝微微打开，双腿正放，双手合握置于两腿间，也可以双臂自然弯曲轻放腿上。目光平视前方或注视交流对象。如果在使用电脑工作，双眼同样要向前方，但视线与电脑屏幕顶端（或显示屏的上三分之一处）保持平行，这样当你需要看屏幕下方的文字或图像时，目光就会自然下垂，不用绷紧和扭转脖子。

1）有效训练方法

正确的坐姿可以通过训练而获得。在日常生活中，利用每天空闲时间练习15～20分钟，塑形效果会非常明显。

（1）背夹毛巾法（图2-155）

动作要领：坐在椅子上，试着在两肩中间放上一块卷好的毛巾，向后压在椅背上，肩胛骨向内收紧保持5秒钟，然后放松下来，重复练习10～15次。

注意要点：动作完成过程中，后腰保持直立，双腿微微分开，双手自然放在体侧，充分体会向内收缩肩胛骨的动作感觉。

（2）头顶书本法（图2-156）

动作要领：练习者按照标准坐姿的要求坐在椅子上，头顶上方放一本书，努力保持上半身的稳定性，不要让书掉下来。

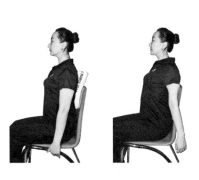

图 2-155

图 2-156

注意要点：为了保持书的平稳性，就必须挺直脖子，收紧下巴，挺胸立腰，加强头部和背部的控制能力。

（3）形体动作综合练习

动作要领：配乐完成，以上半身动作练习为主，综合塑造正确坐姿。

① 展胸开肩组合

起始姿势：坐在椅子三分之一处，双腿并拢，双手自然垂放在两腿上。

手上舞姿技术要领：芭蕾手位。

配合节奏，组合完成如下动作。

[1] 1—4 双手上举至二位手、5—8 继续上举至三位手（图2-157）。

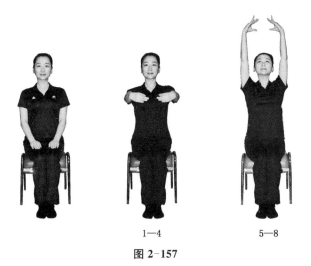

1—4　　5—8

图 2-157

[2] 左手尽最大幅度向身体后方画圈360°，视线顺着手移动进行头部的后转，直至回到三位手（图2-158）。

1—4　　　　5—8

图 2-158

[3] 右手尽最大幅度向身体后方画圈360°，视线顺着手移动进行头部的后转，直至回到三位手（图2-159）。

1—4　　　　5—8

图 2-159

[4] 双手尽最大幅度同时向后画圈 360°，头部微微上抬，直至回到三位手（图 2-160）。

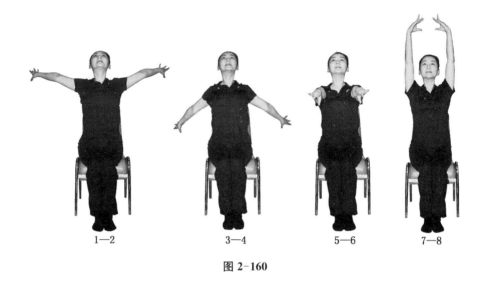

图 2-160

[5] 1—4 双手打开至七位手，5—8 双臂水平向身前内收，手背相对，手腕相碰，身体向后触碰椅背，两肩自然往里收，下颌触碰胸骨（图 2-161）。

图 2-161

[6] 双臂向后展开，手心相对，胸部前挺，肩胛骨内收，头微微抬起（图 2-162）。

1—8

图 2-162

1—4

5—8

图 2-163

[7] 1—4 双臂水平向身前内收，手背相对，手腕相碰，身体向后触碰椅背，两肩自然往里收，下颌触碰胸骨；5—8 双臂向后展开，手心相对，胸部前挺，肩胛骨内收，头微微抬起（图 2-163）。

[8] 1—4 手臂从后至上到三位手，5—6 打开至七位手，7—8 收回到起始姿势（图 2-164）。

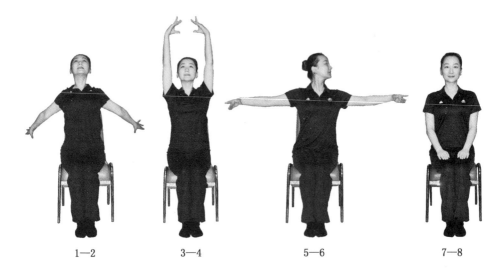

图 2-164

② 侧腰伸展组合

［1］1—4 双手侧打开至七位手，视线看向右手，5—8 右手朝上侧水平面最大幅度向左移动，有控制地侧弯腰部，视线看向左肩（图 2-165）。

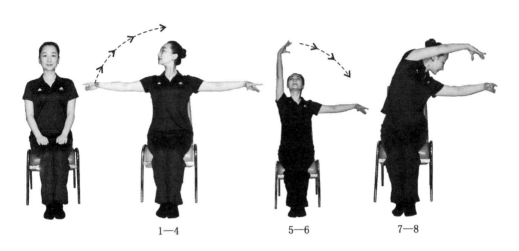

1—4　　　　5—6　　　　7—8

图 2-165

［2］1—4 保持侧腰动作停顿 4 拍，5—6 右手水平面拉回七位手，视线看向右手，7—8 回到起始姿势（图 2-166）。

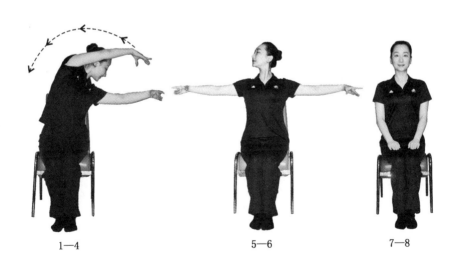

1—4　　　　5—6　　　　7—8

图 2-166

[3] 1—4 双手侧打开至七位手，视线看向左手，5—8 左手朝上侧水平面最大幅度向右移动，有控制地侧弯腰部，视线看向右肩（图 2-167）。

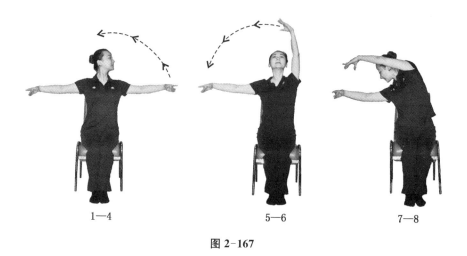

1—4　　　　　　　5—6　　　　　　　7—8

图 2-167

[4] 1—4 保持侧腰动作停顿 4 拍，5—6 左手水平面拉回七位手，视线看向左手，7—8 回到起始姿势（图 2-168）。

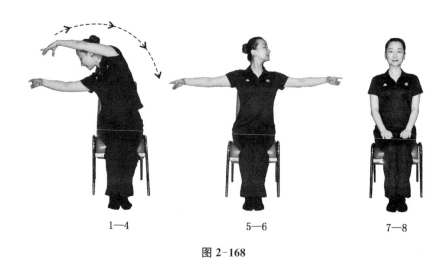

1—4　　　　　　　5—6　　　　　　　7—8

图 2-168

[5—8] 重复前 4 个八拍动作。

2）坐姿礼仪

坐姿与站姿都属于静态造型，规范的坐姿要求端庄而优美。优雅的坐姿在社交活动中是一种文明行为，它既能体现一个人的形态美，又能体现其行为美。

（1）女士标准式坐姿：此坐姿适用于在工作中刚刚与人接洽的场合，也就是入座式。正坐，挺胸收肩，双臂自然弯曲，两手交叉叠放在偏左腿或是偏右腿，并靠近小腹处。双膝并拢收紧，小腿垂直于地面，两脚尖朝正前方。穿着裙装时，在入座瞬间双手将裙摆内拢，以防裙摆坐出皱纹或因裙子不整而使腿部裸露过多，显得不够雅观。

（2）女士前伸式坐姿：此坐姿适用于与人交谈时面对面坐着的场合。在标准式坐姿的基础上，两小腿向前伸出一脚的距离，脚尖不要翘起。上身可略向前倾，表示对交流对方的尊敬。

（3）女士开关式坐姿：抬头挺胸，收腹立腰，双膝并拢夹紧，两小腿前后分开，两脚前后在一条直线上，双手上下相握置放于两腿间。

（4）女士侧点式坐姿：两膝并拢，上身挺直，两小腿向左斜方伸出，左脚跟靠拢右脚内侧，左脚内侧着地，右脚跟微微提起。双手叠放于右腿上，头转向左侧。

（5）男士标准式坐姿：头正微抬，下颌内收，双眼平视，双肩自然下沉，上身和大腿、大腿和小腿都呈90°直角，小腿垂直于地面，双膝可以微微分开，但分开的幅度不要超过肩宽。双手自然平放在腿上或相握垂放在两腿间。

（6）男士双腿叠放式坐姿：右腿叠放在左膝上部，右小腿内收贴向左腿，脚尖下点，双手叠放在右腿上。

2.2.3 自信的走姿

走姿是一种动态姿势，是站姿的延续性动作，在站姿的基础上展现人的动态美，体现了一个人的涵养气质。走路是人们在社交活动中"有目共睹"的肢体语言，也是人们生活交流的基本动作之一，最能体现出一个人的精神面貌。行走姿态的好坏可以反映出人的内心境界和文化素质的高低，能展现出一个人的修养、风度和韵味，更能显示其活力与魅力。男女步态风格有着很大的区别：男士在走路的时候步伐应稍大，刚健有力、豪迈稳健，要展示男子雄姿英发的阳刚之气；女士在走路的时候应注意步伐相应略小，步态要轻捷优雅、含蓄飘逸，好似舒缓流畅的"小夜曲"，柔美恬静，体现女性的阴柔之气、窈窕之美。

正确的走姿，要求行走过程中身体直立、收腹直腰，两眼平视前方，双臂放松放在身体两侧自然摆动,脚尖微向外或向正前方伸出,跨步均匀,两脚之间相距约一只脚到一只半脚,步伐稳健,步履自然,要有节奏感。起步时,身体微向前倾,身体重心落于前脚掌。行走中身体的重心要随着移动的脚步不断向前过渡,不要让重心停留在后脚,并注意在前脚着地和后脚离地时伸直膝部。跨出步子后应是脚后跟最先着地,再从脚跟过渡到前脚掌,两脚脚跟几乎是在一条直线上。行走时脚下步伐要稳健均匀,姿态要显得自然放松,全身协调运动,不要死板僵直地前进,这样会显得人比较呆板;身体不要摇摆得太厉害,需保持重心的平稳,不然会显得人比较轻佻;手脚动作自然配合,行走有一定的节奏感,方能体现走路的姿态美。

1) 有效训练方法

(1) 直线行走法

动作要领:在跑道、操场上或利用地板的缝隙,沿着一条直线练习行走,双脚的内侧沿着直线的外侧移动。

注意要点:直线法着重解决行走中的脚步问题,内八字和外八字的走姿是绝对不可取的。在练习过程中始终要头正颈直,肩外展,收腰提臀,双目平视,面带微笑,充满自信,保持好行走的轨迹和稳定性。

(2) 顶书行走法(图2-169)

动作要领:头顶上放一本书进行行走练习,走路过程中始终保持脊背的延

图2-169

伸,头正、颈直、目平。起步时,身体略前倾,身体的重心始终落于行进在前边的脚掌上,前边的脚落地、后边的脚离地的瞬间,膝盖要伸直,脚落下时再放松。

注意要点:良好走姿还体现在行进中背部的挺立,脊背是行走中最美妙的音符,顶书行走法着重解决脊背和脖颈不够优雅直立的问题,可以有效地纠正行走时低头看脚、摇头晃脑、东张西望、脖颈不直、弯腰弓背的不良行走习惯。始终保持书本在头顶上方的稳定性,可以有目标地来训练身体在行进中的平稳和挺拔。

(3)叉腰立踵法(图 2-170)

动作要领:双手固定于腰部,脚后跟并拢立踵,上身挺立,正步行走。

图 2-170

注意要点:行走属于动态美,属于全身性协调运动,腰部的控制力在走姿的保持中至关重要。立踵行走时注意脚后跟要始终保持立踵状态,身体不要上下晃动,腰部始终保持挺立姿势。

(4)手臂环绕法(图 2-171)

动作要领:在行走中两手臂伸直,慢慢从后向前环绕举起,再从前向后环绕放下,反复进行练习。

注意要点:手臂环绕法着重解决挺胸立腰的问题,在动态拉伸胸肌、臂肌和后脊的同时要体会展胸沉肩的走姿动作。

图 2-171

(5) 脚跟步行法（图 2-172）

动作要领：用脚跟走路，脚趾离开地面，保持脚步的稳定性。

注意要点：脚跟步行法可以使小腿和胫骨得到伸展并变得强壮。这个练习动作可以有效提升腿部撑离地面的力量，从而使行进间的步伐更加强劲有力，特别适合男生练习。

(6) 形体动作综合练习

动作要领：配乐完成，走姿的组合动作练习内容较为丰富，以行进间上下肢协调性训练为主，重点在步伐移动的过程中姿态动作的保持、身体中心轴的稳定，用以综合塑造自信的走姿。

图 2-172

常用的手臂位置如下（图 2-173）：

前举：两臂前举与肩同高，同肩宽，手心向下；

前上举：两臂同肩宽上举至上方 45°，手心向下，指尖远伸；

前下举：两臂同肩宽向下至下方 45°，手心向下，指尖远伸；

侧举：两臂侧举与肩同高，肩胛骨内收，双臂稍向后延展；

侧下举：两臂双侧举至斜下方 45°，手心向下，指尖远伸；

侧上举：两臂双侧举至斜上方 45°，手心向下，指尖远伸；

后斜下举：两臂后夹，手心相对，斜下 45°。

图 2-173

① 行进间足尖步组合

脚下动作技术要领：起踵立，双手叉腰。完成动作时，膝关节绷直向前伸出（脚面稍稍向外），由脚尖过渡到前脚掌着地，同时重心前移，两腿交替进行。在足尖步行进中要注意收腹立腰、充分立踵，步幅要均匀，保持自然呼吸（图 2-174）。

图 2-174

手上舞姿技术要领：芭蕾手位组合＋手部波浪组合。

配合节奏，组合完成如下动作。

[1] 1—4 双手叉腰原地站立；5—8 双脚立踵，保持身体挺拔，重心稳定（图2-175）。

图 2-175

[2] 1—2 右手放下至一位手，3 上抬右手至七位手（眼睛看右手），4 右手上抬至三位手，5—6 右侧弧线划手、手心朝上至胸前，7—8 回到叉腰动作（图2-176）。

图 2-176

[3] 1—2左手放下至一位手，3上抬左手至七位手（眼睛看左手），4左手上抬至三位手，5—6左侧弧线划手、手心朝上至胸前，7—8回到叉腰动作（图2-177）。

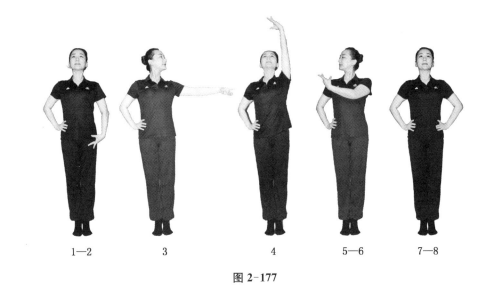

图 2-177

[4] 保持叉腰动作，足尖步1拍一步，无手部动作行进1个八拍（图2-178）。

图 2-178

[5] 1—2双手放下至一位手、3—4侧平举、5—8侧上举（图2-179）。

[6] 1—2双手转腕至三位手、3—4右手侧波浪放下、5—6左手侧波浪放下，

145

图 2-179

7—8 双手同时上抬至侧上举（图 2-180）。

图 2-180

[7] 1—4 原地双脚并拢立踵，双手同时从侧上举位置空中划弧至前上举；5—8 双手侧划至后斜下举，双脚放平至地面（图 2-181）。

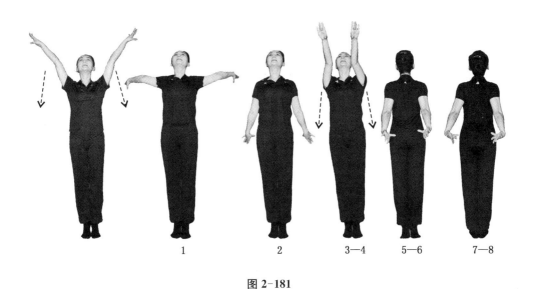

图 2-181

[8] 保持后斜下举动作，1—2 立踵、3—4 放下、5—6 立踵、7—8 放下（图 2-182）。

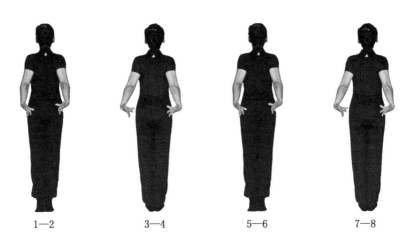

图 2-182

路线：沿着直线的路径完成行进间足尖步组合动作，按照距离的长短进行动作的反复练习；或者绕圈练习，按照音乐节奏的长短进行动作的反复练习。

② 行进间柔软步组合

脚下动作技术要领：行走时先提膝再慢慢延伸膝关节直至绷脚伸出，柔软地从脚尖过渡到前脚掌落地再迅速过渡到全脚掌，同时身体重心及时移至前脚（重心在前），随后换另一条腿进行步伐行进。左右两腿交替完成，行进过程中，躯干和头部保持正直，步伐交替要自然连贯。

手上舞姿技术要领：芭蕾手位组合＋手部波浪组合＋手臂位置变化组合。

配合节奏，组合完成如下动作。

[1] 1—2 双手叉腰、原地并拢双腿，3—6 立踵，7—8 回正步（图2-183）。

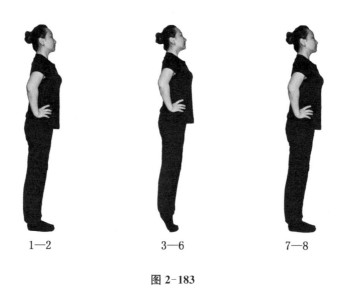

图 2-183

[2] 1 右脚起步向前柔软步，两臂从叉腰位置经体侧前至一位手位置；2 左脚向前柔软步，两臂从一位手位置上抬至二位手位置；3—4 继续向前两步柔软步，两臂抬至三位手位置；5—6 继续向前两步柔软步，两臂向身体两侧打开至水平、同肩高，头部看向右手，掌心朝上；7—8 继续向前两步柔软步，双手同时翻掌至手心朝下，无限延伸手臂，头部看向右手，波浪回落到一位手（图2-184）。

2 形体运动训练方法

图 2-184

[3] 1—4 向前四步柔软步，双手手臂从一位手向两侧打开，经侧下举到侧举再至侧上举，手心朝下；5—6 继续向前两步柔软步，双手手臂从侧上举翻转手心至三位手；7—8 继续向前两步柔软步，双手手臂从三位手向前放下，双手交叠，手心向上，至前上举的高度（图 2-185）。

[4] 1—2 向右迈步至右弓步，右手侧波浪拉起至水平位置，手心朝下，手指延伸，眼睛看向右边；3—4 重心移动呈左弓步，左手侧波浪拉起至水平位置，手

149

图 2-185

心朝下，手指延伸，眼睛看向左边；5 右脚向正前方点地；6 转身 180°，头部稍留后再转动；7 左脚向正前方点地；8 转身 180°，头部稍留后再转动（图 2-186）。

　　[5] 重复第 [2] 个八拍的动作

　　[6] 重复第 [3] 个八拍的动作

　　[7] 重复第 [4] 个八拍的动作

　　[8] 1—4 继续向前四步柔软步，双手从一位手上举至三位手；5—6 向前两步

图 2-186

柔软步，右手侧波浪放下回到体侧位置；7—8 向前两步柔软步，左手侧波浪放下回到体侧位置（图 2-187）。

路线：沿着直线的路径完成行进间柔软步组合动作，按照距离的长短进行动作的反复练习。

2）走姿礼仪

按照行走的方向，在日常社交活动中，走姿可以分为以下三种。

（1）前行式走姿：身体保持挺拔直立，行进中与人交流问候时，要同时伴随头部和上身的左右自然转动，并微笑点头致意。

（2）后退式走姿：在向对方告辞时，可先向后退两至三步，再转身离开。退步的时候，脚须轻擦地面，不可高抬小腿，后退的步幅要略小，转体时要先转身体，

图 2-187

头稍留后再转动。

(3) 侧行式走姿：当有来宾时，须走在来宾的前面进行引导，应尽量走在宾客的左前方。髋部朝向前行的方向，上身稍向右转动，左肩稍前，右肩稍后，侧身向着来宾，并与来宾保持两三步的距离。当走在较窄的路面或楼道中与人相遇时，也可采用侧身步，两肩一前一后，并将胸部转向他人，不可将后背转向他人。

2.2.4 形体气质组合练习

完整的形体气质组合练习,可以有效提高练习者的有氧代谢能力,促进身体均衡发展,提高节奏感、音乐表现能力和肢体表达能力,既增加了练习者平时独立练习的兴趣,又培养了高雅的气质和风度,提高了练习者对美的感受与欣赏的能力,既丰富了练习者的想象力和创造力,又保持了健美的形体,更加全面地促进优美体态的形成。

1) 室内椅子形体操

音乐选择:《慢慢喜欢你》4/4 拍

起始姿势:并腿坐在 1/3 椅面处,两臂自然下垂,头部微低。

第一个八拍(图 2-188)

1—8 保持起始姿势,注意后背挺立,收腹,肩胛骨内收。

1×8

图 2-188

第二个八拍(图 2-189)

1—4 慢慢抬头,看向远方,保持身体姿态不变。

5—8 双臂侧波浪拉起展开至水平,同肩高,手心朝下。

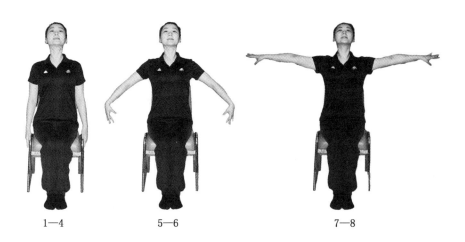

图 2-189

第三个八拍—第四个八拍（图2-190）

1—4 含胸低头，两手臂同时波浪前举。

5—8 手心翻转，缓慢挺胸，波浪向后，直至头部后仰，两臂后夹。

图 2-190

第五个八拍（图2-191）

1—4 右手波浪侧拉起至平举，手心朝下。

5—6 右手上抬至三位手。

7—8 斜放下至左侧，与肩同高，手心向上，头部略向右侧倒。

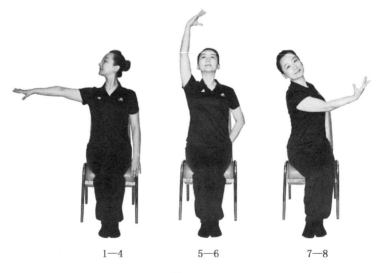

图 2-191

第六个八拍（图 2-192）

1—2 右手拉起至三位手。

3—4 侧放至平举，与肩同高，手心朝下，头向左侧倒。

5—6 空中划手至左侧斜上方 45°，眼睛看手，手心朝下，手指延伸。

7—8 回到起始姿势。

图 2-192

第七个八拍—第八个八拍（图 2-193）

1—4 含胸低头，两手臂同时波浪前举。

5—8 手心翻转，缓慢挺胸，波浪向后，直至头部后仰，两臂后夹。

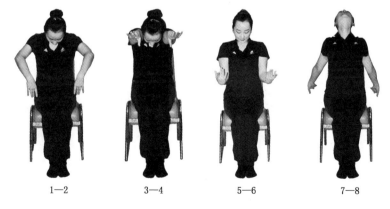

图 2-193

第九个八拍（图2-194）

1—4 左手波浪侧拉起至平举，手心朝下。

5—6 左手上抬至三位手。

7—8 斜放下至右侧，与肩同高，手心向上，头部略向左侧倒。

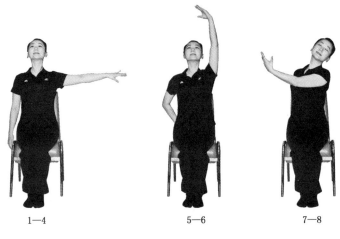

图 2-194

第十个八拍（图2-195）

1—2 左手拉起至三位手。

3—4 侧放至平举，与肩同高，手心朝下，头向右侧倒。

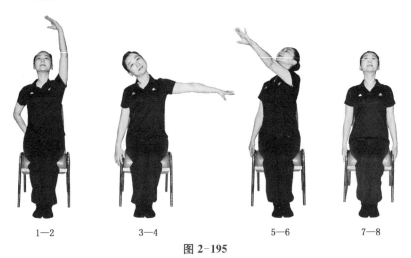

图 2-195

5—6 空中划手至右侧斜上方45°，眼睛看手，手心朝下，手指延伸。

7—8 回到起始姿势。

第十一个八拍（图2-196）

1—4 双臂波浪侧拉起。

5—8 双臂远伸至三位手。

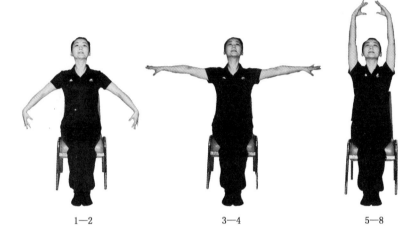

图 2-196

第十二个八拍

保持三位手坐姿1个八拍，充分感受收腹立腰的身体感觉。

第十三个八拍（图2-197）

1—4 手心外展，两手臂呈斜45°。

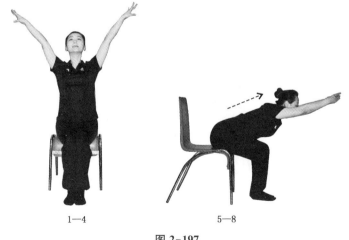

图 2-197

5—8 保持身体姿势挺拔，上半身微微向前45°，动作有控制地完成。

第十四个八拍（图2-198）

1—4 保持后背挺直，身体向远处延伸，背肌用力，缓慢拉起回到三位手直立坐姿。

5—8 向外波浪侧推手至侧平举，手指无限延伸。

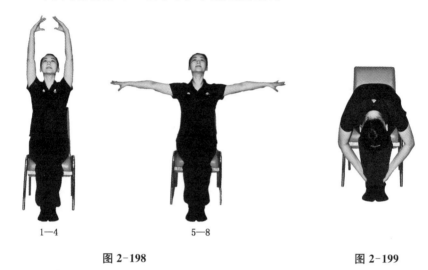

图 2-198　　　　　　　　　　图 2-199

第十五个八拍（图2-199）

1—8 双手含胸低头，上半身体前屈，胸部贴住大腿，双手抱住脚踝。

第十六个八拍（图2-200）

1—4 后背无限延伸，手部缓慢拉起至与地面平行的位置。

图 2-200

5—8 缓慢拉起至三位手坐姿。

第十七个八拍（图 2-201）

1—4 右手侧波浪放下，还原到起始姿势。

5—8 左手侧波浪放下，还原到起始姿势。

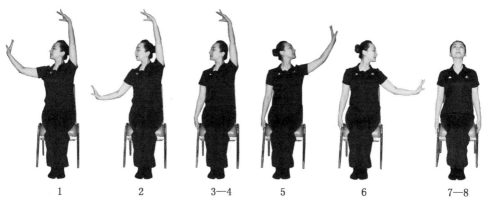

图 2-201

第十八个八拍（图 2-202）

1—2 快速上举双臂至斜上方 45°。

3—4 右手在前做竖向的双臂划动。

5—6 反手上举，注意后背的直立。

7—8 身体回正，双臂上举至斜上方 45°。

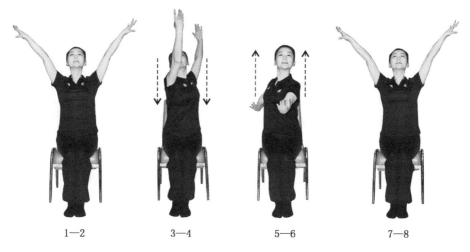

图 2-202

第十九个八拍（图 2-203）

1—2 左手在前做竖向的双臂划动。

3—4 反手上举，注意后背的直立。

5—8 回到三位手坐姿。

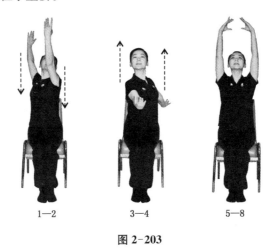

图 2-203

第二十个八拍

保持三位手坐姿 1 个八拍，注意身体的挺拔、脊柱的延伸。

第二十一个八拍（图 2-204）

1—2 向右转 45°，左脚延伸，右腿弯曲，右臂上抬至三位手。

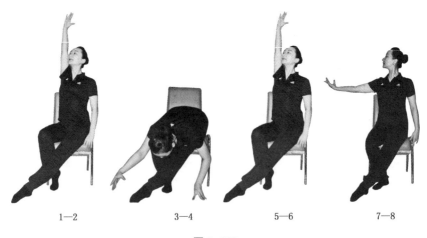

图 2-204

3—4 上身远拉伸并缓慢向下，直至身体最大限度地靠近左腿。

5—6 上身远拉伸并缓慢拉起，直到右臂抬至三位手。

7—8 右臂侧放至侧平举，手心向上，目视右手。

第二十二个八拍（图2-205）

1—2 向左转45°，右脚延伸，左腿弯曲，左臂上抬至三位手。

3—4 上身远拉伸缓慢向下，直至身体最大限度地靠近右腿。

5—6 上身远拉伸缓慢拉起，直到左臂抬至三位手。

7—8 左臂侧放至侧平举，手心向上，目视左手。

图 2-205

第二十三个八拍（图2-206）

1—2 双腿收回呈90°，双手自然垂放于体侧。

图 2-206

3—4 双手前波浪至斜上举45°。

5—6 沉肘做前推波浪动作。

7—8 双臂前平举远伸。

第二十四个八拍（图2-207）

1—8 双手向两侧展开至斜上方45°。

图 2-207

第二十五个八拍—第二十六个八拍（图2-208）

1—4 左腿弯曲上抬，低头含胸，两臂双手交叉，手心朝内，前屈胸前。

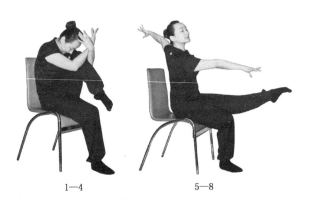

图 2-208

5—8 左腿水平前伸，与地面平行，右臂前下举，左臂向后侧45°上举，展胸立腰。

第二十七个八拍（图 2-209）

1—4 右腿向右后延伸，上体向左侧前屈，右臂向左延伸上举，手臂夹住耳朵，手心朝下，手、头、肩、背和腿呈一条直线。

5—8 右腿保持不动，上身抬起，右手翻腕，手心向上，向身体后方拉开，直至拉向身体后方斜下 45°，手心朝下，眼睛看正前方。

1—4　　　　　　5—8

图 2-209

第二十八个八拍（图 2-210）

1—4 左腿向左后延伸，上体向右侧前屈，左臂向右延伸上举，手臂夹住耳朵，手心朝下，手、头、肩、背和腿呈一条直线。

5—8 左腿保持不动，上身抬起，左手翻腕，手心向上，向身体后方拉开，直至拉向身体后方斜下 45°，手心朝下，眼睛看正前方。

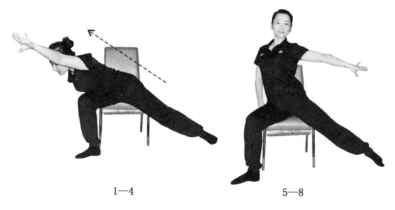

1—4　　　　　　5—8

图 2-210

第二十九个八拍—第三十个八拍（图2-211）

1—2 方向转正，双腿并拢呈90°。

3—4 低头含胸，双臂做前波浪抬起。

5—6 挺胸抬头，双臂内夹。

7—8 回到原始姿势。

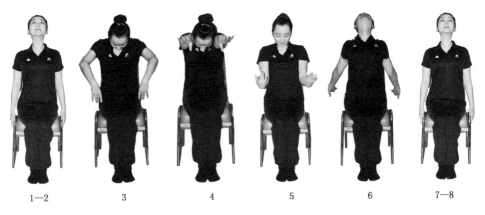

图 2-211

第三十一个八拍（图2-212）

1—8 双臂侧波浪拉起，展开至斜上举45°，手心朝下，双臂无限延伸。

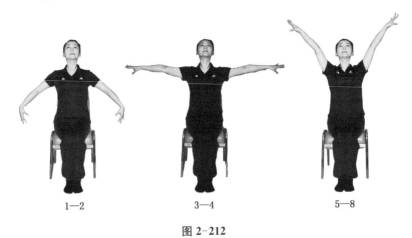

图 2-212

第三十一个八拍结束动作后，保持收腹立腰的坐姿，等待第一段音乐慢慢结束。也可以跟着原曲重复一次第二段音乐。

2) 美姿形体组合操

音乐选择：Kelly Sweet *We are One* 4/4 拍

起始姿势：背面站立，右脚直立，左脚后点地，身体重心在右脚上，双手交叠在身后，头微低，下巴微含（图 2-213）。

音乐前奏：保持起始姿势不动，注意身体姿势的挺拔，收腹立腰。

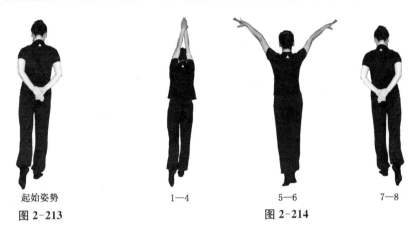

起始姿势
图 2-213

1—4　　　　5—6　　　　7—8
图 2-214

第一个八拍（图 2-214）

1—4 双手上举，左右手相叠。

5—6 后脚并步，立踵，双手斜上举展开。

7—8 左脚前迈步，右脚后点地。整个过程需保持脊柱的挺拔。

第二个八拍（图 2-215）

1—8 眼睛看向右方，右手手背朝上，拉起至三位手。

1—4　　　　5—8
图 2-215

第三个八拍（图 2-216）

1—8 眼睛看向左方，左手手背朝上，拉起至三位手。

1—4　　　　　5—8

图 2-216

第四个八拍（图 2-217）

1—4 向右转身面向正方向，双臂从三位手打开至七位手，手心朝上，左脚主力腿，右脚前点地，身体重心在左脚上。

5—8 双臂由七位手收回至一位手，右脚伸直膝盖回收至"丁"字步（右脚靠在左脚脚窝处，两脚尖对两斜角）。

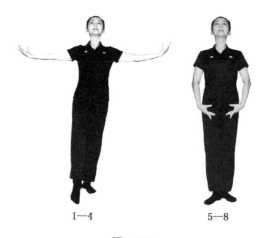

1—4　　　　　5—8

图 2-217

第五个八拍（图 2-218）

1—2 保持"丁"字步，一位手上抬至二位手。

3—4 由二位手上抬至三位手。

5—6 右手放至四位手。

7—8 右手打开至五位手，眼睛看向右手。

图 2-218

第六个八拍（图 2-219）

1—2 保持"丁"字步，左手放至六位手。

3—4 左手打开呈七位手，眼睛看向左手。

5—6 翻手心远伸，眼睛看向左手。

7—8 双臂上举至侧上举 45°，眼睛看向斜上方。

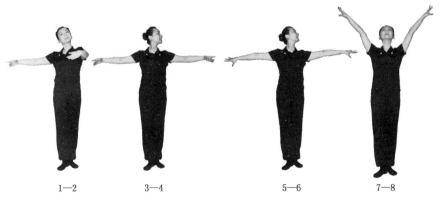

图 2-219

第七个八拍（图 2-220）

1—4 身体向左转动的同时双手手臂经三位手向前后打开划下，右手朝向左45°，右手与左手呈一直线，充分展开胸背部。

5—8 身体转正方向，双臂两侧拉起至侧上举位置。

图 2-220

第八个八拍（图 2-221）

1—4 身体向右转动的同时双手手臂经三位手向前后打开划下，左手朝向右45°，右手与左手呈一直线，充分展开胸背部。

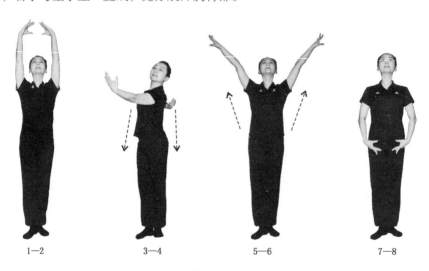

图 2-221

5—6 身体转正方向，双臂从下往上拉起至侧上举位置。

7—8 回到一位手。

第九个八拍（图2-222）

1—4 转向左30°，右脚点地放在左脚脚窝处，双膝微屈，同时低头含胸，双臂拉向前举位置。

5—8 双臂划下至两侧拉起，左手侧上举，右手侧平举，同时身体转正，右脚向外点地，双膝延伸，眼睛看向右手。

图2-222　　　　　　　　　图2-223

第十个八拍（图2-223）

1—4 转向右30°，左脚点地放在右脚脚窝处，双膝微屈，同时低头含胸，双臂拉向前举位置。

5—8 双臂划下至两侧拉起，右手侧上举，左手侧平举，同时身体转正，左脚向外点地，双膝延伸，眼睛看向左手。

第十一个八拍—第十二个八拍（图2-224）

1—4 两腿并拢，双膝微屈，低头含胸，两手臂前波浪拉起至前举位置。

5—8 抬头挺胸，两臂后展至斜下45°。

第十三个八拍（图2-225）

1—4 右脚向左30°方向行进两次柔软步，2拍一步，右、左交替一次，双臂侧下45°，头留住，眼睛看前方。

5—8 再次右脚启动，向左30°方向行进两次柔软步，2拍一步，右、左交替一

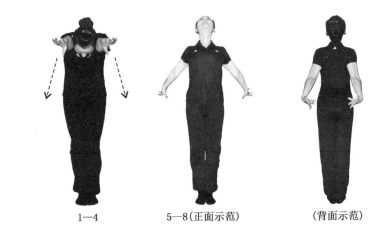

1—4　　　　　　　5—8（正面示范）　　　　　（背面示范）

图 2-224

图 2-225

次，双臂侧下45°，头留住，眼睛看前方。

第十四个八拍（图2-226）

1—2 右30°方向双腿并拢，立踵，三位手。

3—4 转向背面，左腿是主力腿，右脚前点地，一位手。

5—6 过渡重心，右脚踩实，膝盖微屈，左腿屈膝高抬，双臂前举。

7—8 左脚后伸，脚尖点地，同时双臂上举，两手相叠于头顶上方，抬头挺胸。

1—2　　　3—4(方向是背对)　　　5—6(方向是背对)　　　7—8

图 2-226

第十五个八拍（图2-227）

1—4 左腿向左外侧滑动至左侧点地，右膝微屈，身体向右侧斜，双臂两侧

1—2(向左外侧滑腿)　　　3—4　　　5—8

图 2-227

打开至右手斜下 45°，左手斜上 45°，眼睛看向右手。

5—8 保持姿势，侧腰控制。

第十六个八拍（图 2-228）

1—2 身体左转 90°，收左脚点地在右脚脚窝处，双臂自然下垂。

3—4 左脚前点地，双手波浪拉起至前上举 45°。

5—6 继续上抬双臂经三位手打开至体侧，身体转向正前方，重心移动至左腿上，右腿右外侧点地。

7—8 收回至一位手，右脚收回呈大八字，身体转向右 30°。

1—2（方向侧面）　　3—4　　5—6（方向对正前方）　　7—8（方向右30°）

图 2-228

第十七个八拍（图 2-229）

1—4 保持大八字步，双膝微蹲，左手一位手，右手侧打开至七位手。

1—4　　5—8

图 2-229

5—8 双膝伸直夹紧,并拢双腿,右手上抬至三位手。

第十八个八拍(图2-230)

1—4 双膝微蹲,左手侧打开至七位手,右手保持三位手。

5—8 双膝伸直夹紧,并拢双腿,左手上抬至三位手。

图 2-230

第十九个八拍(图2-231)

1—2 呼吸前微含胸。

图 2-231

3—8 后仰展胸，双臂保持三位手。

第二十个八拍（图2-232）

1—8 眼睛看向左边，双臂同时向后划动，直至划到身体正前方，一位手直立站姿位置，眼睛看向身体正前方。

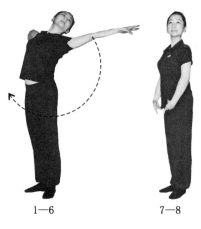

1—6　　　7—8

图 2-232

第二十一个八拍（图2-233）

1—4 双臂同时上举至头顶，手背相对。

5—8 双臂侧波浪放下至一位手。

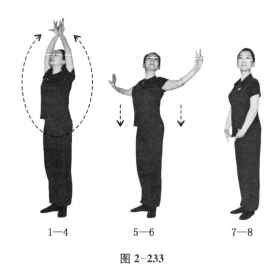

1—4　　　5—6　　　7—8

图 2-233

第二十二个八拍（图 2-234）

1—8 双臂从一位手经二位手至三位手，双脚同时立踵。

图 2-234

第二十三个八拍—第二十四个八拍（图 2-235）

保持立踵姿势 2 个八拍，注意身体核心力量的收紧。

第二十五个八拍（图 2-236）

1—4 放下脚跟，双手向两侧打开至七位手，手心朝上。

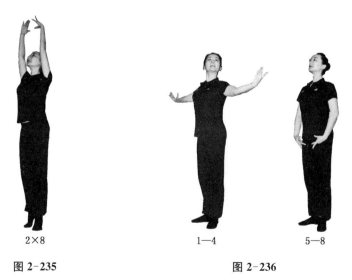

图 2-235　　　　图 2-236

5—8 翻手心收回至一位手。

第二十六个八拍（图 2-237）

1—4 保持右转方向，右腿后退两步柔软步，眼睛看向正前方。

5—6 正方向后退一步。

7—8 转向左30°，呈大八字步。

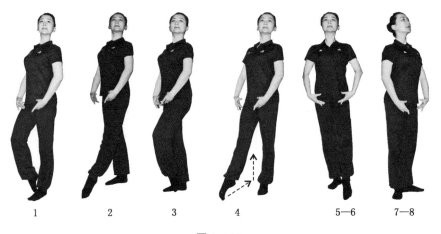

图 2-237

第二十七个八拍（图 2-238）

1—4 双膝微蹲，右手一位手，左手侧打开至七位手。

5—8 双膝伸直，并拢双腿，左手上抬至三位手。

图 2-238

第二十八个八拍（图 2-239）

1—4 双膝微蹲，左手保持三位手，右手侧打开至七位手。

5—8 双膝伸直，并拢双腿，右手上抬至三位手。

图 2-239

第二十九个八拍（图 2-240）

1—2 呼吸前微含胸。

3—8 后仰展胸，双臂保持三位手。

图 2-240

第三十个八拍（图2-241）

1—8 眼睛看向右边，双臂同时向后划动，直至划到身体正前方，一位手直立站姿位置，眼睛看向身体正前方。

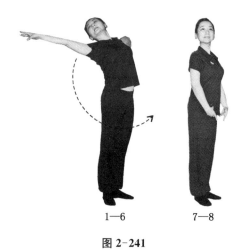

图 2-241

第三十一个八拍（图2-242）

1—4 双臂同时上举至头顶，手背相对。
5—8 双臂侧波浪放下至一位手。

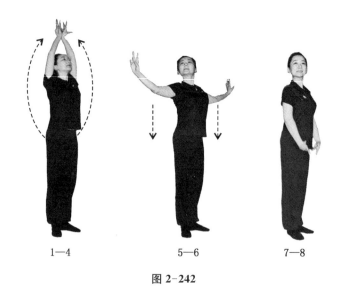

图 2-242

第三十二个八拍（图 2-243）

1—8 双臂从一位手经二位手至三位手，双脚同时立踵。

图 2-243

第三十三个八拍—三十四个八拍（图 2-244）

保持立踵姿势 2 个八拍，注意身体核心力量的收紧。

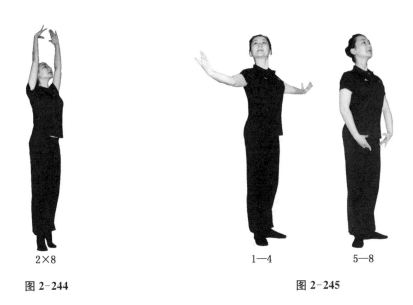

图 2-244   图 2-245

第三十五个八拍（图2-245）

1—4 放下脚跟，双手向两侧打开至七位手，手心朝上。

5—8 翻手心收回至一位手。

第三十六个八拍（图2-246）

1—4 右脚前点地，左膝微屈，左手前下45°，右手后上45°，两手臂保持一直线。

5—8 体前屈，身体尽量靠近右腿，双臂呈三位手。

图 2-246

第三十七个八拍（图2-247）

1—4 右腿由脚尖带领，后划至侧面，点地，上身抬起直立，右手三位手，左手七位手。

图 2-247

5—8 保持姿势站立，注意身体的挺拔，后腿无限延伸。

第三十八个八拍（图2-248）

1—4 移动重心至左脚并侧点地，身体转向正前方，两手放至七位手，手心朝上。

5—8 收回至一位手。

图2-248

第三十九个八拍—第四十个八拍（图2-249）

1—4 右手侧下45°波浪，5—8 左手侧下45°波浪。

第二个八拍重复右左手各一次小侧波浪动作。

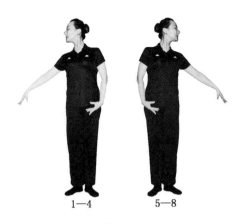

图2-249

第四十一个八拍（图 2-250）

1—4 双臂上抬至二位手，右腿侧吸腿至大腿平行于地面。

5—6 右侧踢腿，左手斜下 45°，右手斜上 45°。

7—8 并腿，双手斜上举 45°。

1—4　　　　　5—6　　　　　7—8

图 2-250

第四十二个八拍（图 2-251）

1—8 保持双臂上举斜上 45°，立踵，身体向右转动 360°，最后收至一位手。

图 2-251

2 形体运动训练方法

第四十二个八拍动作结束后,保持收腹立腰的站姿,等待音乐慢慢结束。站立的过程中,始终保持"丁"字步的脚位动作、一位手姿势,注意收腹立腰,充分延伸脊柱,双膝并拢,臀肌上提内收。

3 形体运动合理饮食

　　形体训练的目的是改善身体形态，塑造健美体形，增进身体健康，而合理饮食是人体健康和健美的基础，二者之间的关系是相辅相成、相互促进、相互影响的。合理的饮食对形体训练效果具有支持作用，反之则有抑制作用。只有在练习的同时，根据个人的形体塑形、气质提升的要求，依据不同食物的营养成分以及所含热量，合理科学地制定和调整自身的饮食结构和饮食喜好，改善不良的饮食习惯，重视形体训练过程中膳食营养的收支平衡，才能不会因为饮食摄入得过多或过少，而引起营养不良或体格肥胖，才能更有效地达到形体气质塑造的目标。

　　一切生命活动都需要能量，如物质代谢的合成反应、肌肉收缩、腺体分泌等等。众所周知，人体必需的营养是由糖类、脂肪、蛋白质、维生素、无机盐和水等构成。其中糖类、蛋白质和脂肪属于大分子有机物，能为人体的生命活动提供能量。糖类是最主要的供能物质，人体进行各项生命活动所消耗的能量主要来自糖类的氧化分解，其约占人体能量供应量的70%。脂肪也是重要的供能物质，但是人体内的大部分脂肪是作为备用能源贮存在皮下等处，平时我们身体里多余的热量也会变成脂肪贮存起来，时间久了，身体就会慢慢胖起来。蛋白质也能为生命活动提供一部分能量，但蛋白质主要是构成组织细胞的基本物质，是人体生长发育、组织更新的重要原料，也是调节生命活动的物质基础。维生素是维持人体生命不可缺少的一类有机化合物；矿物质是构成人体和调节生理机能的重要物质；水则是人体中不可缺少的重要元素，成年人体内的水约占体重的60%～70%。人体日常所需的营养大都来自我们平时所吃的食物。一般来说，除了婴幼儿、老年人，日常只要吃饱，不偏食，就可以从各种食物中摄取满足人们生命活动所需的各种营养物质。

3.1 科学合理地摄取食物营养

蛋白质、脂肪、糖类（碳水化合物）、矿物质（无机盐）、维生素、水和纤维，这些成分与健美塑形运动有着直接的关系。在运动过程中，身体中营养和能量的消耗会随着运动量的增加而增大，身体中的糖原贮备就会减少，人体温度慢慢上升，酸性代谢不断积累，同时由于运动中有不同程度的出汗，水分流失现象会带走部分热量，因此需要适量地利用饮食来补偿调节，以防营养失衡，导致训练效果打折。

营养学家总结出塑形的基本要点是每餐减少 1/3 的卡路里量，同时摄入人体所需的营养，这样才能在塑造体态的同时更好地保持身体健康。不同的食物含有数量不等的蛋白质、维生素、矿物盐等。营养结构学要求人们不要偏食和挑食，做到饮食多样化，以满足人体日常所需营养。穆斯塔法·努福尔博士曾说，人体中的遗传因子是决定一个人体态胖瘦的主要因素。营养结构学认为，有些人身体内部结构充满活力，能把体内的任何食品直接转化成能量而不是以脂肪的形式堆积在体内，而有些机体转化过程非常缓慢，于是就形成了脂肪的堆积。身体形态比较胖的人并不是因为吃得多而造成的，而是因为他们身体内部结构活动缓慢。改善脂肪堆积现象的唯一途径就是把它代谢掉，形体运动的针对性练习可以有效地解决这一问题。

3.2 合理安排膳食营养

健美运动界有句俗语，"一半靠练，一半靠吃"，这是一条通俗化的经验总结。"练"是指科学合理、方法得当地进行身体锻炼；"吃"是指科学合理地摄取食物营养。有些人练得非常努力，方法也较为得当，只因吃得不当而最终无法达到自己的预定目标。

人们一般的进餐习惯是一日三餐，三餐既要保证充足和均衡的营养摄入，也要考虑生活、工作、学习等情况以及机体生理功能的需求。三餐的食物量通常以能量作为分配标准，早餐提供的能量占全天总能量的30%，午餐为40%，晚餐为30%。按时吃三餐，尽量少吃或不吃零食和夜宵，吃适量的水果，保证人体每天对维生素的摄入。养成良好的饮食习惯，有意识地控制进食速度，细嚼慢咽地进食，因为咀嚼食物能消耗一定的热量，而且狼吞虎咽很容易导致进食过量，引起体态的肥胖。适当调整饮食结构，按所需热量采取控制主食、增加副食的饮食方法，减少摄入淀粉类以及糖分较高的食物。控制好脂肪的摄入量，体能消耗与脂肪摄入量不平衡的时候，身体就会慢慢地变形发胖。人每天需要的脂肪占总热量的20%左右。除了保持一定的运动，还需尽量摄入低脂肪的食物。食用油每天的摄入量不能超过25 g，不增加植物性脂肪的比例，减少动物性脂肪的摄入量，如牛、羊、猪肉。胆固醇的摄入量每天不能超过300 mg。肉食尽量选择蛋白质含量高而脂肪比较少的鱼类和禽类。减少各种甜点、巧克力、咖啡、速食食品的摄入。

4 形体运动小贴士

长期体态姿势不正确，会让人经常感到周身不适，给身体带来一些无法说清又无法摆脱的隐隐疼痛感；也会因为体态姿势的问题，让人在社交活动中显得没有那么合群，没有那么自信；还会因为对个人基本身体形态的不重视，让人在无形中失去 5 cm 的身高。一个人举手投足间的美，需要岁月的沉淀，更需要坚持不懈的身体锻炼。只有科学塑造身体形态，才能在职场社交中体现出真正健康完美的体态和由此带来的魅力气场。

4.1 塑造形体美道理很简单，可为什么做起来并不是那么容易

人体能量的摄入和支出遵循以下公式：

能量输入（食物）= 能量输出（做功、产热）± 能量的储存（脂肪等）

健康成年人体重的变化，基本符合上述公式。当能量摄入与支出相平衡时，体重基本保持不变；如果摄入大于支出时，人体就会发胖，相反则会消瘦。

所以，我们塑造形体美的关键是：①科学合理地选择膳食种类，控制自身的饮食，减少能量的摄入；②加强身体运动，增加肌肉锻炼，进行有氧健身，从而增加能量的输出。

这样简单的道理，其实大家都明白，那为什么做起来不是那么容易呢？重点在于个人意志力不够坚定，美味佳肴前无法抵挡诱惑，大量无节制地摄入食物；运动锻炼时，怕苦怕累，无法坚持完成系统训练。既没有减少能量的摄入，又没有增加能量的消耗，自然难以有效塑造优美形体。

4.2 有些人狂吃也不胖，有些人喝水就长胖，这是为什么呢

在生活中，有一类人是非常让人羡慕的，那就是无论怎样摄入食物身体都不会发胖。这类人的消化系统都比较发达。一般情况下，人在摄入食物之后一个小时到三个小时之内会开始消化，如果消化系统比较发达的话，刚吃完饭就已经开始消化了。消化得快，人体的新陈代谢也会比较快，吃进去的食物就会立刻被吸收，多余的毒素和垃圾会被排出去，这样人就不容易长胖。而易胖人群，多数是饮食不规律造成的，如饥一顿饱一顿，或者是过度的节食，这样的方式会让自己的体重在短时间之内发生一些变化，但也会对身体健康造成影响，身体的代谢率也会降低。

所谓身体代谢率是指单位时间内维持人体最基本的生命活动所需要消耗的最低限度的能量。人体的胖瘦一般与身体代谢率有关，同样的时间内维持生命活动，身体代谢率高的人需要消耗的能量就高，体内脂肪就不容易堆积；而身体代谢率低的人需要消耗的能量就低，剩余的能量很容易在身体内转化为脂肪堆积。所以说，如果是使用节食的方式减肥，那么日后反弹的概率更大，再想减肥就会更难。

4.3 有氧运动为什么要持续 30 分钟以上减肥效果才更好

很多人都知道，有氧运动的作用主要有两个：一是可以帮助提高心肺耐力水平。二是消耗多余的脂肪，实现减肥或维持体重的目的。一般减肥的运动处方大多是以中低强度的有氧运动为主，要求的持续时间在 30 分钟以上，原因是减肥其实就是减脂肪。运动过程中，脂肪从脂肪库中释放出来进入血液，再由血液循环进入工作中的肌肉，作为肌肉收缩的能量供应。这一过程一般需要 20 分钟以上，有氧运动前期主要是由碳水化合物供能，中、后期才主要是由脂肪供能。低强度的有氧运动时间越长，脂肪提供能量的比例才会越高。若运动时间过短，体内脂肪还来不

及释放,还未运送到工作中的肌肉,锻炼就已经结束,这样达不到消耗脂肪的作用。

4.4 减肥期间肌肉锻炼的过程中应该多喝水还是少喝水呢

很多减肥者在日常生活和运动锻炼中都会有目的地控制自己的饮水量,认为多喝水会增胖,无法有效瘦身,其实这是一个误区。人的胖瘦不是由体内水分的多少决定的,而是取决于体内脂肪堆积的程度。水的作用是参与人体物质、营养、能量的运输。身体的水分代谢简单地说就是体循环通过尿液、汗液排出含有废物的水,再通过喝水来补充,实现平衡。如果身体缺水,会影响脂肪等物质的代谢,所以减肥期间补充充足的水分是很重要的。减肥的人越是运动锻炼,越要适当地增加饮水量,因为运动过程中可能会大量出汗,而充足的水分有利于体内废物排出,同时保持细胞、肌肉中的水分平衡。反之,体内水分太少的话,就会影响细胞的正常生理功能,如果出现严重脱水现象,就会危及我们的生命。

4.5 减肥瘦身的过程中,为什么体重降而复升呢

在健身减脂的过程中,有时体重下降以后又会出现反增的现象,让人有放弃继续健身减肥的想法。健身半途而废是很令人惋惜的,其实只要再坚持一段时间就可以看见曙光。那么,我们在减脂的过程中体重为什么会有起伏变化呢?

首先,我们需要了解的是,体重的升降并不是唯一衡量体形的标准,也不是体重减少了就意味着人瘦了。想要让体重下降其实真的很简单,例如一天不吃东西就可以瘦1 kg,减少食物的摄入体重自然就会下降;又或者身体内水分的流失,比如运动流汗也会让体重下降;再或者是身体内部肌肉的流失,也会造成体重下降。但是,这都不代表减肥成功了!

减肥简单来说就是减少人体内的脂肪,但它并不是减重。有的人在减肥期间体重没有下降,反而还有上升的现象,主要是因为减脂的过程中,肌肉含量增多了,肌肉的体积比脂肪小得多,但是重量比脂肪重。所以,减肥期间会发现自己身体形

态瘦下来的同时,体重很可能没有下降反而增长了。但这对于减肥的人来说其实是一件好事,肌肉增多意味着身体代谢提高,脂肪分解会加快,这时就开始瘦下来了。

身体变得富含肌肉不代表体重就一定会下降。但是,肌肉身材肯定要比脂肪身材显得更瘦、更苗条,人也会更加精神。

我们在减脂瘦身的过程中,营养均衡的饮食是基础,合理选择运动内容,科学地进行肌肉健身锻炼和形体动作练习是关键,同时还需要有良好的生活习惯和方式,控制好自己的睡眠时间,改善入夜后的睡眠质量。让我们通过系统的较长时间的形体与气质塑造,使身体的外在形象变得更加美好,自身的气质修养因不断充实而高雅起来。为了拥有健康美好的人生,一起形体锻炼起来吧!

附录一　室内椅子形体操

1. 室内椅子形体操视频

2. 室内椅子形体操音乐

附录二　美姿形体组合操

1. 美姿形体组合操视频

2. 美姿形体组合操音乐

参考文献

[1] 陈娟.浅析形体课程对塑造高职女生职业形象的重要性研究[J].科学大众,2013,(11):155.

[2] 蒋桂凤,黄祁平,唐双阳,等.健美操对机体补体活性的影响[J].天津体育学院学报,2005,20(5):76-78.

[3] 芦特.高校形体课艺术化教学对大学生气质影响的探讨[J].辽宁体育科技,2008,30(2):81,82,85.

[4] 韩颖,赵刚.论形体教学对高校女生培养的作用[J].北京体育大学学报,2007,(30):313,315.

[5] 王锦芳.形体舞蹈[M].杭州:浙江大学出版社,2006.

[6] 陈娟.高职文秘专业形体课程模块化教学探究[J].安徽体育科技,2015,36(1):75-78.

[7] 郝丹.穿着打扮也是职业形象[J].成才与就业,2006,(17):27.

[8] 陈娟.形体训练与塑造高职女生职业形象之探讨[J].南京工业职业技术学院学报,2014,14(1):92-94.

[9] 傅强.职业形体塑造[M].北京:北京体育大学出版社,2011.

[10] 付桂英.体态礼仪与形体训练[M].北京:北京师范大学出版社,2010.

[11] 张玲.形体礼仪[M].武汉:华中科技大学出版社,2010.

[12] 陈娟.基于高职女生职业素养的形体课程教学改革之研究[J].当代体育科技,2018,8(2):68,69.

[13] 陈娟.将爵士元素融入高职女生形体教学的实验研究[J].南京工业职业技术学院学报,2016,16(2):55-58.